CALVÍCIE (ACONTECEU COMIGO)

GUGU KELLER

CALVÍCIE
(ACONTECEU COMIGO)

Sá editora

Capa:
Paulo Sampaio / Público Alvo

Foto de capa:
Gugu Keller por Paulo Braga

Preparação de texto e revisão:
Milfolhas Produção Editorial Ltda.

Paginação:
Eveline Teixeira

Impressão:
Paulus Gráfica

ISBN: 85-88193-16-7

SÁ EDITORA
Av. Jabaquara, 2.940 – Cj. 116
04046-500 – São Paulo – SP
atendimento@saeditora.com.br
www.saeditora.com.br

Sumário

Introdução

Shout, shout! Let it all out!
(Grite, grite! Ponha tudo para fora!)
"*Shout*" (Tears for Fears)

Lisonjeiro.

Têm sido para mim algo extremamente lisonjeiro os frutos que venho colhendo após a publicação dos dois livros que escrevi sobre a minha experiência com a síndrome do pânico, mal de ordem psiquiátrica que assolou violentamente minha vida entre os anos de 1986 e 1992.

Até aquela época, quando eu estava com 26 anos de idade, minhas aventuras como escritor voltavam-se apenas à poesia, à composição musical e, sobretudo, à dramaturgia, através da qual cheguei, inclusive, à televisão. Eu jamais havia, até então, pensado em escrever um livro.

Foi quando, no ano de 1991, fui procurado por uma jornalista que estava preparando uma matéria sobre a síndrome do pânico e que, através de uma conhecida comum, soube que eu sofria do problema. Minha história interessou de pronto a essa repórter. De muito bom grado, concedi-lhe a entrevista, que foi publicada alguns dias depois em um jornal de São Paulo.

Para minha surpresa, a partir de então, inúmeras pessoas passaram a procurar a produção do programa em que eu trabalhava no intuito de entrar em contato comigo para intercambiar informações e experiências relativas à síndrome do pânico. Apesar de eu já vir enfrentando o problema havia anos, foi só então que me dei conta de que não estava sozinho naquilo. Com efeito, havia, e há, muita gente sedenta de informações sobre o assunto. Foi então que pensei... – Cara, eu sou um escritor e tenho síndrome do pânico...! Vou escrever um livro sobre isto!!!

A verdade é que ainda fiquei um bom tempo com a idéia na cabeça antes de lançar mão dela. Tive o ímpeto de finalmente levá-la a cabo, quando, após aqueles seis difíceis anos de sofrimento, consegui, de modo definitivo, superar o problema. Assim, eu agora tinha, mais do que nunca, realmente o que dizer sobre o assunto. Eu havia sofrido na pele o drama da síndrome do pânico, uma doença então pouco divulgada e, por isso mesmo, alvo de muitos preconceitos, e a havia vencido. Sim, parecia de fato uma grande idéia transmitir aquela experiência em um livro e eu me sentia capacitado para tanto!

Portanto, dito e feito, somando à minha vivência um bom trabalho de pesquisa que realizei junto a médicos e a outros pacientes com o mesmo problema ou com problemas semelhantes, escrevi o livro *Síndrome do Pânico*, lançado em julho de 1995.

Para minha grande felicidade, o livro teve uma ótima aceitação, tanto que, já no ano seguinte, 1996, tive a oportunidade de, no mês de novembro, lançar um segundo título sobre o mesmo assunto, *Conversando sobre a Síndrome do Pânico*, texto que praticamente se escreveu sozinho a partir das inúmeras cartas que recebi e das entrevistas que passei a dar acerca do tema. Esse segundo veio a complementar de informações técnicas meu primeiro trabalho, mais tipicamente autobiográfico.

O sucesso de meus livros sobre a síndrome do pânico foi para mim motivo de muita alegria, principalmente por três motivos... Em primeiro lugar, pelo fato de ter impulsionado minha carreira de escritor; em segundo, por ter servido para mim como desabafo após haver passado por uma época terrível em minha vida; e em terceiro, e este é sem dúvida o ponto mais gratificante, por me haver permitido, através do meu relato, ajudar inúmeras pessoas que sofreram ou sofrem com o mesmo problema.

Houve, todavia,e esta é a razão de eu estar rememorando estes fatos nesta introdução, um aspecto resultante de meu trabalho que não havia sido por mim previsto ou concebido...

Sempre fui, ao menos eu acreditava, uma pessoa espontânea e sincera, do tipo das que podem dizer "minha vida é um livro aberto" (no que se refere à síndrome do pânico, a minha agora são *dois*). Observei, inclusive, que nisso eu muito diferia de muita gente, sobretudo das que têm o mesmo problema que eu tive. Com efeito, 90% dos pacientes com síndrome do pânico omitem o problema, ou dele pouco falam, por medo – não sem alguma razão – de sofrerem algum preconceito.

Deste modo, passei a freqüentemente ouvir comentários do tipo... "Como é que você teve coragem de se expor assim?" ou "Admiro a sua franqueza e desprendimento!" ou "Você fez uma coisa muito bela derrubando um tabu!", que, obviamente, são extremamente lisonjeiros de se ouvir.

De lá para cá, entretanto, tenho quedado muitas vezes a pensar... Será que mereço mesmo essas palavras? Será que sou alguém que de fato mostra as suas verdades em todas as situações?... Ou, melhor ainda... Mesmo tendo feito uma coisa legal com respeito à síndrome do pânico, não serei eu um hipócrita com relação a muitas outras coisas, o que, afinal, é extremamente humano? Até que ponto sou um cara franco e aberto como muita gente que leu meus livros imagina?

Fui pensando e examinando coisas que normalmente fazem parte da verdade íntima de todos nós, e que, contudo, teimamos em esconder atrás das muitas máscaras que usamos no cotidiano e assumindo aos poucos para mim mesmo que, em vários pontos, eu não estava de fora disso. Analisei coisas como o orgulho, a ganância, o egoísmo, a inveja, as fantasias sexuais inconfessáveis, o ciúme, o materialismo, os preconceitos, a vaidade... Opa! A vaidade!!!

Sim! Claro! Óbvio! Dei-me conta de algo que sempre (ou há muito tempo) tem estado aqui, bem em cima de minha cabeça, e que muito, muito já me fez sofrer nesta minha vida, mas que eu, hipócrita e evasivamente, hesitante em assumir minha própria dor e inconformismo, sobretudo por serem estes oriundos da minha vaidade (a minha tão humana vaidade), insisti sempre em negar, em fingir que não era bem assim, em ocultar de mim mesmo algo que sempre me saltara aos olhos. Na verdade, tanto eu vinha fazendo disso um tabu para mim mesmo, que levei anos para perceber que isso era algo que precisaria ser dito um dia. Às vezes, creio, acostumamo-nos tanto com as máscaras que usamos, que olhamos no espelho e acreditamos que elas são o nosso próprio rosto.

Observador que sempre fui, olhei à minha volta, amigos, parentes, colegas, conhecidos, personalidades, e percebi que tampouco nisso eu estou só. E não o digo quanto ao externo, onde é absolutamente óbvia a minha enorme companhia, mas no interno, no interior de cada um de nós a quem o destino reservou estas paragens. Observo e ouço, principalmente nas entrelinhas, e bem sei que não estou só naquilo que sinto...

É sobre a calvície, problema que me perturba há vinte anos, que, neste trabalho que aqui se inicia, gostaria de falar. Aliás, falar não... Gritar! Berrar! Pôr para fora! E sei que, tanto quanto o foi com a síndrome do pânico, isso me fará muito bem! Que igualmente faça bem a quem o ler...

1972

When I get older, losing my hair, many years from now
(Quando eu ficar mais velho, perdendo os cabelos, daqui a muitos anos)
"When I'm sixty-four" (THE BEATLES)

– Nossa! Mas como este menino está bonito!

Ou...

– Meu Deus, como brilha o cabelo dele! Parece cabelo de índio!

Ou...

– Quando este seu filho crescer vai ser uma parada, Lucília! Aposto que o seu telefone não vai parar de tocar...!

Ou...

– Precisa cortar o cabelo do Gugu! Está uma indecência neste comprimento! Mais um pouco e não dá para a gente saber se é homem ou se é mulher...!

Há muitas coisas que simplesmente não existem quando somos crianças. Não existem planos ou idéias que possam dar errado, não existem preocupações com o dia de amanhã, não existem coisas inexeqüíveis, não existem problemas realmente sérios, não existe a possibilidade de termos que trabalhar para sustentar uma família e mesmo aquilo que "queremos ser quando crescermos" é algo que a rigor não importa muito, já que provavelmente o "quando crescermos" não chegará nunca.

O mesmo se pode dizer em relação ao nosso corpo. Quando somos crianças o tempo passa tão devagar que quase parece não passar. Às vezes, sobretudo quando estamos na ânsia de que chegue o Natal ou o nosso aniversário para ganharmos presentes, o tempo chega até a parecer andar para trás... Assim, não existe para o nosso corpo a possibilidade de ficarmos velhos, ou doentes, ou desgastados, ou mancos, ou definitivamente banguelas. Jamais chegará o dia em que ficaremos cansados ao subir uma escada ou após uma partida de futebol. Jamais preferiremos dormir a fazer alguma brincadeira que envolva atividade física. Mesmo a morte, como li certa vez em um livro, é algo que igualmente não existe para nós quando somos crianças. Ela acontece apenas para os cães, os vizinhos e os estrangeiros. Ainda que o destino nos surpreenda com a morte de alguém que nos é próximo, logo tratamos, quando somos crianças, de inventar alguma explicação mágica para aquilo, na qual logo acreditamos piamente, já que é impossível pensar que o tempo realmente passe ou que a vida possa algum dia ter um fim.

Assim também ocorre com a calvície. Ainda que saibamos que existem homens carecas, ou que aquele nosso tio é careca, ou que o marido da empregada do vizinho é careca, ou mesmo que nosso próprio pai é careca, isso com certeza é algo que jamais acontecerá conosco. O quê? Eu? Careca? Impossível! Impensável! Inconcebível! Inimaginável! Somos crianças para sempre e, ainda que haja certas coisas desagradáveis que sabemos que podem vir a acontecer a uma criança, como ter que usar óculos, ou botas ortopédicas, ou aparelho nos dentes, a calvície está com certeza fora de cogitação.

E para mim mais ainda... Modéstia a parte, fui realmente uma criança bonita. As pessoas sempre comentavam com meus pais, e eu próprio hoje, através de fotos, o vejo. Fui realmente um garoto mais bonito do que a média, e o cabelo era justamente o meu forte. Tinha muito, muito cabelo. Brilhante, sedoso, volumoso. Usava-o comprido. Franja quase entrando nos olhos e o suficiente para um bom rabo de cavalo. Minha mãe às vezes até o fazia. Minha avó se desesperava. Aliás, as duas avós. Mas meus pais não lhes davam ouvidos. Era início dos anos setenta. Movimento hippie, ditadura, *hair* e tudo o mais...

– Deixe o garoto com os cabelos assim. Nem são tão compridos afinal...!

Minhas avós é que eram umas quadradas!

Este era eu. Garoto bonito e cabeludo. Confortável e feliz naquele tempo em que o tempo não passava. Parece que ainda me vejo diante do espelho no apartamento em Santos... 1970, 71, 72... Creio que só não diria "Careca? Eu? Nunca!" porque eu jamais sequer pensaria em algo assim. Meus longos cabelos estavam ali para sempre. Eu estava ali, como toda criança, criança para sempre. E sempre, eu acreditava, haveria de ser sempre!

Renata

Num domingo desses eu assistia ao Fantástico quando vi uma interessante matéria que mostrava que as crianças, para preocupação de seus pais, estão começando a namorar cada vez mais cedo. Meninos e meninas de oito, nove ou dez anos davam vários depoimentos sobre seus primeiros envolvimentos amorosos, às vezes calientes e intensos. Descontraidamente, falavam sobre paixão, romance, namoro, ciúme, beijos, carinho etc. Achei o máximo. Gostaria apenas de observar que, ao contrário do que sugeria a matéria, isso não tem nada de novo. Comigo foi justamente assim que aconteceu. E mais: é incrível como um relacionamento tão puro e inocente pode deixar marcas bastante profundas em alguém... Comigo foi justamente assim que aconteceu.

Não me lembro em que mês, muito menos em que dia, de ainda 1972, minha mãe nos disse...

– Mudou-se uma família aí para o andar de cima. Seu pai e eu conhecemos o casal. É gente boa. Eles têm duas filhas. Qualquer dia desses elas vão descer para brincar com vocês...

– Legal!

Não foi um dia, mas uma noite, naquela mesma semana, quando elas vieram. Beatriz, a mais nova das duas, devia ter cinco ou seis anos. Eu tinha sete. Renata, a mais velha, oito.

Não sei o que foi ou como foi aquilo. Nem gosto de tentar pôr em palavras. O fato é que eu, instintivamente, entendi, de uma hora para outra, o que era aquela coisa que a gente tanto ouvia por aí sobre se apaixonar por alguém, gostar de alguém, amar alguém. Mais ainda, entendi o que era a gente se apaixonar à primeira vista. Conhecer Renata naquela noite, que os anos, por mais que passem, não conseguem apagar, nem mesmo diluir de minha memória, foi a primeira grande revelação da minha vida. Ah, aquele rosto... Ah, aquela pele... Ah, aquele sorriso... O que foi aquilo? Parece que ainda estou parado naquele momento...

Brincávamos de várias coisas enquanto meu coraçãozinho de menino batia daquele jeito, forte e desesperado. Era estranho demais mas bom demais! Pega-pega, esconde-esconde, duro-e-mole e sabe lá mais o quê... A certa altura, dando-me agora um frio na boca do estômago, ela sussurrou suave no meu ouvido...

– Sabe que você é uma cara legal? Gostei de você!

A iniciativa, lembro-me bem, foi toda dela (ela era mais velha), mas eu também já estava enfeitiçado. Creio que foi de fato amor à primeira vista. Pode, em função da pouquíssima idade que tínhamos, parecer louco. Pode parecer precoce ou até soar inverídico. Mas é assim que foi... Não consigo me lembrar com exatidão de tudo o que foi dito, ou feito, ou pensado, ou insinuado naquela noite... Lembro-me apenas, e claramente, daquelas palavras sussurradas no meu ouvido, um sorriso dela, lindo e arteiro, e pronto: estávamos nos beijando. Pela primeira vez eu sentia nos meus lábios os lábios de uma mulher. Não importa que ela tivesse oito anos. Eu tinha sete e, ainda que fôssemos totalmente inocentes, ela era para mim uma mulher, a minha mulher. Beatriz, a irmã mais nova, lembro-me também com clareza, foi quem mais incentivou os nossos primeiros beijos...

– Vamos! Isso! Agora um bem longo!

Parando hoje para pensar naquilo tudo, volto inevitavelmente a comentar como de fato o tempo passa devagar quando somos crianças.

Renata e eu infelizmente não duramos muito. No ano seguinte, 1973, meus pais se separaram e eu vim morar em São Paulo com minha mãe. No seguinte, 1974, meu pai, que ficou morando em Santos, morreu, e, a partir de então, eu já lá ia muito raramente. Mesmo assim, confirmando a doce lentidão com que a infância passa, os tempos em que estivemos juntos estão fortemente marcados em mim como se tivéssemos compartilhado décadas. Recordo-me de inúmeros momentos... Nós dois vendo televisão e comendo pipoca, nós dois andando de bicicleta, nós dois na praia, no mar, no clube, nós dois sempre de mãos dadas e sempre trocando beijos.

Algumas pessoas para quem eu conto essa história às vezes insinuam que eu deixo um pouco a fantasia enriquecer a realidade quando me refiro a Renata. Mas não. Apesar da pouca idade que tínhamos, tenho segurança em dizer que ela foi a primeira pessoa que amei em minha vida. Sei que ela me amou também e que para ela fui também o primeiro. Fomos abruptamente separados pelo destino, mas jamais a esqueci, e ela se tornaria uma referência em minha vida.

Além disso, ela significou, ao menos no meu raciocínio simples de criança, que eu devia ser de fato um garoto bonito... A primeira menina por quem me apaixonei de pronto também por mim se apaixonou. Renata...

Aquele era eu. Garoto bonito e cabeludo.

1980

Forever young, I want to be forever young
(Jovem para sempre, eu quero ser jovem para sempre)
"*Forever Young*" (Alphaville)

Dando um pequeno salto no tempo, vejo-me agora já em 1980, ano que reputo como decisivo na formação de minha personalidade, que sempre foi, e a partir de então cada vez mais, marcada por uma constante inquietude e uma premente necessidade de expressão.

1980, ano em que completei 15 anos, foi justamente a época em que a música – certamente o elemento que contribuiu com maior influência para a minha necessária mutação adolescente – entrou de maneira decisiva em minha vida. E mais do que a música como um todo, o rock'n'roll, fenômeno que estaria sempre no vértice de minha postura sócio-cultural nos anos que se seguiriam. E não é difícil se imaginar o porquê, agravaria a crise de auto-estima que eu experimentaria em virtude de meus problemas capilares. Rock'n'roll, como bem se sabe, é sinônimo de cabelo!

Mais do que descobrir a música, ou o rock'n'roll, como algo que profundamente me tocava a sensibilidade, mergulhei nela também como um maravilhado e empolgado aprendiz, já que foi justamente naquele ano, 1980, que comecei a estudar violão, o primeiro instrumento que viria a dominar. É claro que eu já gostava muito de música antes daquela época (pensando bem, quem é que não gosta?). Vivi a época da discoteca, John Travolta, Embalos de Sábado à Noite, Bee Gees, Dancin' Days e tudo o mais. Gostava também de muito da música brasileira, mas nunca nada me havia tocado de maneira tão visceral como então fizera o rock'n'roll. Senti que a música – aquela música – era algo que agitava a minha alma, que falava fundo para mim. Descobrir coisas que já estavam no passado, mas que eu não conhecia, ou quase, como Beatles, Led Zeppelin, Deep Purple e outros assim, e, ao mesmo tempo, evoluir em meus estudos musicais foi a abertura de um horizonte simplesmente mágico, do qual eu, como creio já deva ter acontecido a muitos garotos naquela idade, não mais conseguiria ou aceitaria ficar de fora.

Tudo isso em muito se deveu ao colégio para onde minha mãe me transferiu naquele ano de 1980, depois que concluí o ginásio. Ela ouvira falar daquela escola de ensino tradicionalmente forte, e, ao mesmo tempo, de métodos quase que revolucionários para a época. Era um colégio onde só havia o curso colegial (ginásio não), ou seja, ninguém mais novo do que eu, e onde se podia "matar" aula à vontade, quer dizer, você assistia as aulas se queria (ou achava que devia). Ninguém ia lhe incomodar se você preferisse ficar jogando bola ou tocando violão... Acostumado que eu estava a escola de padrões mais rígidos, aquilo era uma loucura para mim!

Foi principalmente pela influência das muitas e ótimas amizades que fiz ali que veio essa coisa do rock'n'roll. Quatro daqueles meus amigos de então tinham uma banda que tocava "cover" dos Beatles. Era demais! Apaixonante! Eles tocavam muito e eu me apaixonei por aquilo! Eu simplesmente tinha que fazer também, e foi assim que tudo começou...

Relembro duas principais conseqüências daquele ano em que estudei naquele colégio, ao menos então, diferenciado (estudei lá apenas naquele ano, já que, no ano seguinte, mudaríamos para a cidade de Moji das Cruzes): a primeira, negativa, foi que, pela primeira e única vez na vida, repeti de ano (por excesso de faltas). A segunda, positiva e, felizmente, mais duradoura, foi a descoberta das tantas possibilidades de um instrumento musical, algo que para sempre faria parte absolutamente integrante de minha vida e que certamente fará até o seu fim. Depois que comecei a aprender música, já não conseguia entender como é que havia conseguido viver tanto tempo sem fazê-lo...

Aquele ano de 1980 marcaria também minha vida por ter sido no mesmo em que o assunto de que trata este livro pela primeira vez mostrou-me sua cara, e eis porque fiz tal apanhado daqueles dias...

Toda aquela coisa de rock'n'roll, Beatles, Yes, Bob Dylan, violão, guitarras, bateria, barulho, rebeldia, "cabulação" de aula, garotas, bebidas etc, passava, naturalmente, pelo nosso comportamento. Gostávamos de jeans desbotados, tênis, camisetas, jaquetas, pulserinhas de pano, correntinhas, anéis e, logicamente, cabelos compridos.

Até aí, tudo bem... Minha mãe, ao contrário das mães de alguns, não implicava muito com a coisa. Como já disse, sempre usei, desde criança, o cabelo razoavelmente comprido (se bem que nessa época era bem mais!). Contudo, a coisa começaria a "pegar" em uma determinada fase, já no segundo semestre daquele ano, quando uma nova mania surgiu entre os caras da minha turma: ninguém penteava o cabelo depois do banho...

– O que é isso? Está louco? Vai sair sem pentear o cabelo?

– Agora é assim, mãe! Ninguém mais está penteando...

– Nada disso! Pode pentear esse cabelo já! Onde já se viu? Todo mundo quer ter o cabelo liso como o seu e você vai deixá-lo ficar arrepiado!? Absurdo!

– Mas mãe... Toda a turma está nessa agora!

– Não me interessa se a turma está nessa! Pode ir pentear esse cabelo! Será que você não pensa? Não percebe que você tem toda a hereditariedade do mundo para ficar careca!? Vai brincando, vai, e você vai ver o que acontece...

Opa! Como é que é? O que foi que ela disse? Hereditariedade? Careca? Eu???... Porra! Pára tudo! Pára tudo já!!!!!!!! Preciso assimilar esta idéia...

Não que eu tenha ficado preocupado a princípio. Nada disso. Não cortei o cabelo e nem deixei de mantê-lo despenteado quando podia. Nada pode ser pior para um adolescente, sobretudo um de ainda quinze anos, do ficar de fora das coisas de sua tribo. Todavia aquela frase dita por minha mãe naquele dia em que eu saíra do banho e me sentei à mesa do almoço antes de ir para o colégio fez-me atinar que eu não seria uma criança para sempre e que coisas que eu imaginaria que jamais poderiam acontecer comigo, ou melhor, nem imaginaria, já que sequer eram imagináveis, eram, enfim, possíveis. Ainda mais agora com aquela maldita palavra, que eu até já conhecia, mas que obviamente não freqüentava com assiduidade o vocabulário de um garoto de quinze anos: hereditariedade! Cara, meu pai era careca... E agora esta? Hereditariedade?

Desafortunadamente, aquilo me traria problemas muito mais cedo do que eu poderia supor...

1981

Tem dias que a gente se sente
como quem partiu ou morreu
A gente estancou de repente
ou foi o mundo então que cresceu
"*Roda Viva*" (CHICO BUARQUE)

Em janeiro de 1981, nos mudamos para a cidade de Moji das Cruzes, distante cerca de 60 quilômetros da capital. Não houve qualquer motivo especial para a mudança, exceto o fato de minha mãe desejar que passássemos aquela fase da adolescência em um lugar mais calmo, uma cidade menor, com menos trânsito, violência etc. Fiel aos amigos que tinha na capital, fui o único em casa a resistir à idéia. Contudo, tendo em vista que minha moral andava baixa devido às peripécias do ano anterior, meu voto não foi muito levado em conta. Devo dizer, entretanto, que afinal fui eu quem mais se apegou a Moji, vindo de novo a resistir à mudança quando, anos depois, voltamos a viver em São Paulo.

Foi justamente naquele quente verão de 1981 que começou a acontecer comigo esta transformação que viria a mexer tanto com a minha vida, a ponto de eu hoje estar diante de um computador empenhado no intuito de transformá-la em um livro: a queda de cabelo!

Era ainda janeiro, ou no máximo fevereiro... Mesmo que eu possua, creio, uma boa memória, razoavelmente atenta a datas, não sei precisar o dia em que pela primeira vez dei-me conta do que (já) estava acontecendo. Mais estranho ainda, sequer fui o primeiro a perceber...

Como disse, eu tinha muito, mas muito cabelo, e sua queda começou de uma maneira simplesmente fulminante. Minha mãe percebeu que o chão do banheiro ficava repleto de cabelos. O fato de eu ser míope, e obviamente tirar os óculos para tomar banho, explica, penso, o fato de ela haver notado antes de mim. Ela falou sobre o assunto por uns três ou quatro dias seguidos (provavelmente fingi que não ouvia), até que pediu que eu me aproximasse de uma luz forte para que ela desse uma examinada em minha cabeça...

– Meu Deus!!!

Ouvi aquilo e fiquei tomado de desespero. Não um desespero comum, que tende às lágrimas ou à histeria, mas um desespero seco e bruto. O desespero de quem leva um golpe em sua vaidade. Se não estou enganado, creio que até sorri quando ouvi aquele "Meu Deus" tão peremptório... Sorri sem graça. Apenas para fazer alguma coisa com um rosto que eu já não possuía. Provavelmente, eu até àquela altura já soubesse, ou sentisse, que de fato aquilo estava acontecendo... Mas não consigo recordá-lo racionalmente. Talvez, em defesa própria, minha mente tenha se encarregado de apagar aqueles dias, como se não tivessem sido reais.

Mais algum tempo (semanas?) se passou até que eu tivesse coragem de aproximar-me do espelho diante de uma luz forte para fazer eu próprio, agora pelos meus próprios olhos, a constatação. É claro que agora eu já havia confirmado o quanto havia sido dito acerca dos cabelos no chão do banheiro. Faltava olhar para a minha cabeça, ou, devo dizer, enfrentar os meus próprios olhos... Acendi as fortes lâmpadas que minha mãe tinha em volta do seu espelho e, quase tímido diante de mim mesmo, olhei para o meu cabelo enquanto o manuseava. E, de fato era inegável. Estava bem mais ralo. Não a ponto de os outros perceberem. Isso levaria ainda algum tempo. Mas estava, inevasivelmente, constatado. Apaguei as luzes do espelho e senti-me triste, como se houvesse acabado de ouvir uma sentença. Uma sentença de condenação.

Para referir-me àquele momento, repetirei uma frase utilizada por mim final do primeiro capítulo de meu livro *Síndrome do Pânico*, onde narro a primeira vez que tive uma crise que caracteriza o problema homônimo por que passei. Naquela oportunidade declarei... "Depois daquela noite nunca mais fui o mesmo."

Banho, toalha e pente

No mês de dezembro de 2000, pouco antes de eu me lançar ao empreendimento de escrever este relato, todo o Brasil acompanhou o drama vivido pela personagem Camila da novela "Laços de Família", interpretada pela atriz Carolina Dieckmann. Vítima de leucemia, Camila teve de lançar mão de uma quimioterapia, a qual lhe custou, entre outras coisas, a queda de seu cabelo. Inconformada com a situação, a personagem (e conseqüentemente a atriz) opta por, na seqüência da história, raspar a cabeça.

Gostaria de deixar claro que não pretendo, de modo algum, dramatizar minha história para fazê-la parecer mais do que foi, e não sou louco de pensar em comparar a calvície com uma doença tão grave como a leucemia... Contudo, a cena em que a moça pela primeira vez nota que seus cabelos, como lhe fora advertido, estão despencando, trouxe-me uma sensação desagradavelmente familiar, tal qual fosse, como dizem, uma espécie de "deja vu".

Explico-me. Como todos sabíamos de antemão, sobretudo por matérias publicadas em jornais e revistas de fofocas televisivas, que aquilo iria acontecer, destacando, sobretudo, a coragem da atriz em submeter-se à metamorfose que sua personagem então lhe impunha, assisti àquela cena e senti exatamente o que eu vivia naquele verão de 1981. Com efeito, uma vez tendo constatado o problema que me assolava, passei a observar, com extremo desgosto, que o mesmo parecia se acelerar de um modo simplesmente devastador... Meu cabelo, a despeito de eu sequer ter tido tempo de "acostumar-me" à idéia, caía demais, e três eram as situações em que eu podia flagrar o momento exato em que meu drama se dava: (1) no banho, quando lavava a cabeça com xampu, (2) no momento em que me enxugava e (3) quando me penteava. O primeiro e o terceiro eram os piores. Bastava esfregar os cabelos e pronto, lá vinham minhas mãos cheias de fios. Quanto ao pente, creio nem precisar explicar muito. Era olhar para ele e me desesperar...

Com o passar do tempo, aquilo foi se transformando num mecanismo quase que neurótico. Sempre que tinha de enfrentar esta sequência banho/toalha/pente eu tentava me concentrar em uma espécie de "torcida" para que o cabelo não caísse, mas no fundo já sabia que iria acontecer. E mais e mais aquilo acontecia. Ainda que não fosse como o enorme chumaço que todos vimos a Camila da novela perder... Ter a expectativa da queda dos cabelos da moça e vê-los, em seguida, de fato cair, foi o que tanto me fez identificado com aquela cena. Era uma coisa de "já saber de antemão e não poder fazer nada"...

Eu nem havia chegado aos 16 anos e aquilo estava acontecendo comigo. Eu era jovem, romântico, roqueiro e contestador, e aquilo estava acontecendo comigo. Eu fora um menino bonito, de cabelos lindos, e aquilo estava acontecendo comigo...

Havia na época um comercial de TV de um produto capilar que em brincadeiras costumávamos imitar... A diversão era justamente o tom solenemente hilário, ou hilariamente solene, que o locutor empregava enquanto se via o sujeito com "cara de bobo" que ia ficando careca. Dizia assim... "O primeiro aviso é uma coceirinha! O segundo aviso é seu próprio pente!..."

Que ironia... Eu que muitas vezes havia imitado aquela locução...

Aquilo estava acontecendo comigo e, infelizmente, não era nenhuma cena de novela, ou, tampouco, de comercial...

Durante anos eu conviveria com a realidade de ver, cotidianamente, meus cabelos indo embora pelo ralo do banheiro. Subterfúgios, como deixar de lavar a cabeça, não funcionavam, pois na lavagem subseqüente os cabelos, mais sujos e oleosos, caíam ainda mais.

Meus cabelos iam pelo ralo, e com eles boa parte de minha auto-estima.

Avestruz

Sempre tive curiosidade de saber se o avestruz tem de fato o hábito que costumam lhe atribuir, qual seja, o de esconder apenas a cabeça em caso de algum perigo, deixando, assim, ingenuamente, o resto de seu corpanzil vulnerável à ameaça. Real ou não, é comum empregar-se tal imagem para ilustrar a situação de alguém que finge (para si próprio) estar encarando alguma situação quando na verdade não o faz. Buscando auxílio de uma outra expressão popular: é a coisa de "tapar o sol com a peneira".

De fato. Naquele primeiro ou primeiros anos do problema eu agi exatamente como um avestruz. Escondi minha (dura) cabeça em um pequeno buraco e tentei acreditar que meu corpo não estava à deriva, exposto, a mercê daquela difícil realidade.

Já que meu cabelo estava caindo tanto e que eu não sabia de nada que pudesse simplesmente evitá-lo, dizia o bom senso, endossado pelas insistentes palavras de minha mãe, que eu deveria, ao menos, mantê-los sempre curtos, limpos e bem penteados, o que, certamente, fortalecê-los-ia e diminuiria o ritmo do processo. Contudo, como bem sabemos, jovens de quinze anos não costumam dar ouvidos ao bom senso e muito menos às mães. Assim, mergulhando fundo na contradição que caracteriza todos nós, os humanos, não quis saber daquilo...

Porra! E o rock? E o Pink Floyd? E os Beatles? E John Lennon, assassinado há poucos meses? Como é que eu posso ficar fora disso?!? Nem pensar! Não, isso não está acontecendo comigo! É só um pesadelo, uma piada de mau gosto! Careca? Eu? Calvo? Eu? Aeroporto de mosquito? Eu? Nunca! Nem pensar!!!

Tornei-me uma pessoa dupla com relação àquela situação. Por um lado, eu obviamente tinha plena consciência do que se passava comigo, sofrendo muito. Por outro, adotei firmemente a postura de negar, até, o quanto possível, para mim mesmo. Não estava acontecendo e pronto! Nada de cortar os cabelos e pronto! Nada de usar um tal xampu especial e pronto! Nada de creme rinse e pronto! Nada de nada e pronto!... E ai de você, mãe, se comentar alguma coisa com alguém sobre este assunto!!! Não está acontecendo e pronto!

É que eu só tinha 15 anos. Em maio daquele ano de 1981 completei 16. Quanto mais cedo a calvície ataca um homem, mais cruel ela é. Por outro lado, se, como eu disse, o tempo simplesmente não passa quando se tem 7 anos de idade, ele ainda passa muito devagar agora aos 16. Sim, o cabelo caía num ritmo acelerado, mas eu tinha muito cabelo. De que importava o amanhã? O amanhã estava longe. Eu ainda tinha um bom tempo. Muito tempo antes que os outros pudessem perceber que eu não era mais o roqueiro cabeludo, o garoto bagunceiro e irriquieto de sempre, o que, muito provavelmente, daria cabo definitivo de minha auto-estima. Com certeza ninguém notaria nada até a próxima sexta-feira, quando decerto haveria uma festa, onde decerto estaria aquela garota e onde decerto alguém estaria me apontando e dizendo "olha lá aquele cabeludo!"... Careca? Eu? Impossível! Isso é coisa para os cães, os vizinhos e os estrangeiros.

Eufemismos

Para quem não sabe, eufemismo é a figura de linguagem através da qual substituímos uma palavra ou expressão que possa ser "pesada" em determinada situação por outra que signifique a mesma coisa de uma maneira mais branda. Exemplificando, é comum dizermos que alguém faleceu, ou "foi desta para melhor", ao invés de dizermos que morreu; ou referirmo-nos por obeso a alguém que é gordo; ou, ainda, trocarmos velho por idoso. São eufemismos.

Um aspecto extremamente interessante nessa questão dos eufemismos é que muitas vezes a sua não utilização pode significar algo ofensivo para muitas pessoas. Tive, durante algum tempo, a experiência de trabalhar em uma agência bancária onde havia muitas contas correntes e poupanças de pessoas bastante humildes, muitas das quais analfabetas, que sequer sabiam assinar o próprio nome. Tínhamos, nesses casos, que colher a digital da pessoa e solicitar a assinatura de uma testemunha para que se pudesse movimentar a conta. O curioso é que, para explicar aquela situação, a pessoa jamais dizia "sou analfabeto", ou "não sei escrever". Ouvíamos sempre "eu não assino". Instintivamente, aprendemos a retrucar no mesmo tom... "O senhor não assina?" Nunca "O senhor é analfabeto?"

ou "O senhor não sabe escrever?" Certamente, percebíamos, aquilo soaria agressivo.

Modernamente temo-nos visto às voltas com essa questão do eufemismo "obrigatório" em assuntos referentes ao problema do racismo. Parece estar convencionado por aí, eu próprio às vezes me confundo, já que até cheguei a ouvir o contrário, que se deve dizer que as pessoas são "negras" e não "pretas", o que seria ofensivo. Pode parecer estranho que alguém exija ser chamado de "negro" e não admita o ser de "preto", se, em última análise são termos sinônimos. Contudo devemos respeito a esse tipo de coisa.

Quando digo que devemos respeito a esse tipo de coisa, é porque sei "de carteirinha" sobre o que estou falando. O eufemismo tem muito a ver com o problema da calvície. O leitor atento terá observado que utilizei às vezes o termo "careca" nos tópicos anteriores (e ulteriores). Noutras preferi dizer "calvo". É que defendo a tese de que a escrita fica mais elegante se nos servimos de sinônimos para evitar a repetição de uma mesma palavra. Porém, devo dizer, e nisso tenho que incluir a mim próprio: um homem que esteja perdendo ou tenha perdido seus cabelos certamente não gosta de ser chamado de "careca" (odeia!). O "calvo" é sempre de melhor tom.

Assim, muitas vezes na vida já falei que sou um homem calvo, mas provavelmente jamais me disse careca. Se este é, e pretendo que seja, um relato sincero, isso deve ficar registrado, pois é algo que espelha com clareza o problema do abalo que sofremos em nossa auto-estima. Exigimos – não neguemos – ser tratados por calvos, nunca por carecas.

O pior de tudo é que eu próprio, endossando o meu humano atestado de contradição, às vezes "tiro um sarro" do eufemismo alheio. Naquela época do banco, por exemplo...

– Engraçado esse pessoal dizer "não assino"... Que frescura! Porque não falam logo que são analfabetos se é o que eles são? Eles não têm culpa, portanto que o assumam, oras!

Hoje eu vejo como cuspi para cima. E olhe que foi uma bela cuspida! Às vezes sequer me digo calvo. Opto por "tenho pouco cabelo". Creio, de qualquer forma, que tenho aprendido um pouco com a vida e progredido um pouco neste aspecto, afinal estou aqui diante deste computador a digitar estas palavras...

É ainda duro, admito, mas lá vai...

– Eu sou careca!!!

Pronto! Está dito!

1982

Hey, mãe, eu tenho uma guitarra elétrica
Durante muito tempo isto foi tudo que eu queria ter
"Terra de Gigantes" (Engenheiros do Hawaii)

Sempre naquela atitude de avestruz, vivi no ano de 1982 o auge da contradição que me dominava. Nunca como naquela época havia deixado meus cabelos ficarem longos, bem abaixo de meus ombros. Como se eu cada vez mais desafiasse a minha realidade, tentando provar para mim mesmo o contrário do que eu já estava cansado de saber. Eu tentava negar um destino que aos poucos se me impunha, mostrando que o "cabeludo – careca" que eu me sentia (e sabia) podia ser mais cabeludo do que careca. Aos 17 anos o tempo ainda passa razoavelmente devagar, e talvez o futuro ainda não viesse, ou talvez, antes dele, o divino intervisse de alguma forma em nosso mundo... No meu mundo...

Para desgosto de minha mãe, parentes e professores, e para espanto de meus próprios colegas, meu visual naquela época foi a de um típico "maluco" "fissurado" em rock'n'roll: calça desbotada, pulseirinhas e anéis de feira hippie, tênis velhos, bottons de bandas como Deep Purple, Kiss, Iron Maiden etc. no peito e aquele cabelo enorme e mal tratado. Tornei-me, talvez numa ingênua e infantil busca de negar ao máximo algo que tanto me incomodava, uma perfeita imagem encarnada da velha trindade "sex, drugs and rock'n'roll". Ainda que sempre, desde que me dou por gente, tenha tido o apelido de Gugu, no colégio ganhei outro, bastante sugestivo e revelador de minha atitude de então: Zueira. Todo mundo em Moji conhecia o Zueira *(a grafia correta é zoeira, mas meu apelido era com "u")*. Muitos amigos da época ainda me chamam assim, ou, carinhosamente, Zu.

Ademais, minha mãe, mesmo que desgostosa com minha aparência, provavelmente por ser mãe, presenteou-me com algo que vinha sendo meu sonho desde completei um ano de estudo do violão: uma guitarra elétrica. Agora, com aquela coisa mágica nas mãos, eu podia fazer todo o barulho que queria, podia pôr para fora, da maneira mais visceral que eu conhecia, toda a enorme ansiedade que me assolava, em boa parte por causa daquele meu problema. Muitas pessoas acabaram me conhecendo lá em Moji. Zueira, o maluco da guitarra.

Ainda naquele ano de1982 houve um festival de música na cidade que foi bastante agitado. Ao contrário do faço hoje, obviamente pela inexperiência musical, eu só compunha coisas escrachadas, verdadeiras comédias musicais. Inscrevi-me no festival com uma música que, neste diapasão, eu havia composto ainda no ano anterior, que levava o bizarro nome de *Tem Piranha no Bidê* (a rigor uma besteirada só...). Mas foi incrível... A música acabou "pegando" de uma tal forma que com ela eu fiquei sendo bastante falado na região. Foi engraçado que a música não se classificou para a final (nem podia), mas acabei sendo convidado para tocar como uma atração por ter sido a mais aclamada pelo público. Ainda hoje, passados quase 20 anos, quando vou a Moji, ainda há sempre alguém que diz "E aí, Zueira? E a piranha?", referindo-se à música. Cerca de dois anos atrás eu mostrei-a para uma pessoa de São Paulo que acabara de conhecer, um novo amigo. Mal pude acreditar, quando ouvi...

– Eu conheço isso aí... Não é *Piranhas no Bidê*?

Que ninguém me pergunte como, mas ele conhecia a música...

Tudo aquilo, voltando a 1982, parecia a concretização de um pequeno sonho, um ingênuo sonho de adolescente... Eu era um roqueiro cabeludo, que tocava uma música muito louca que todo mundo gostava, mesmo que para rir. Como cumpria à idade, eu fazia a minha pose, tentava "fazer o meu show", lutava pela minha auto-afirmação. Mas era tudo falso. Por dentro eu estava triste. No fundo eu era inseguro por causa de meu problema. Hoje tudo mudou, como mencionarei adiante. Mas aos 17 anos não se consegue pensar a vaidade sem ser engolido por ela. Vejo que a vaidade "às avessas" impõe aos jovens ser exatamente o contrário do que é normal. E como impõe! E por isso é que eu precisava tanto daqueles cabelos compridos. Mas eles continuavam caindo mais e mais. Eu podia continuar sendo um roqueiro com músicas muito loucas como *Tem Piranha no Bidê*, mas certamente eu não seria um cabeludo por muito tempo. Por mais fútil que a algumas pessoas eventualmente possa parecer, aquilo me doía demais.

Hoje percebo que naquela época tudo urgia para mim. Tudo tinha que ser feito às pressas, pois eu lutava contra o tempo, e daí terem sido anos extremamente intensos da minha vida. Eu tinha muito prazer em ser uma pessoa popular e de certo modo diferente em minha cidade. Mas eu tinha que ser rápido em tudo pois, em minha visão de um *ainda* adolescente que estava perdendo os cabelos, havia uma ampulheta cuja areia que escorria era a minha auto-estima. Vaidade? Sim. Aparência? Sim, e a qualquer custo. Ainda havia nesse "avestruz" um fio de esperança de que quando enfim tirasse a cabeça do buraco o perigo tivesse ido embora...

Água oxigenada

Era início de agosto. Primeiro dia de aula após as férias de julho. No Colégio São Marcos, onde eu estudava em Moji havia uma rampa na entrada onde ficávamos – os alunos – até que o portão fosse aberto. Era sempre bastante agradável rever as pessoas com quem eu não havia estado durante as férias, como era o caso de uma grande amiga minha daquela época, chamada Sílvia...

Mais do que reencontrá-la, notei-a diferente, agradavelmente diferente. Em primeiro lugar, apesar de julho ser inverno, ela estava bastante queimada de sol. O que mais me chamou a atenção, contudo, foram seus cabelos, que estavam mais claros, com um certo tom dourado que eu nunca havia visto. Achei fantástico. Maravilhoso!

– Sil! Seus cabelos estão demais! Que lance é esse?

– Ué, Zu... Oxigenei.

– Como assim oxigenou? Como é que é isso?

– Você passa água oxigenada no cabelo e depois toma sol... Pronto. Eles pegam esta cor.

Naquele mesmo instante já estava decidido em meu íntimo: eu ia fazer aquilo! Previ, desde logo, e, como depois conferi, com razão, que minha mãe não ia achar graça naquela nova invenção. Mas tudo bem. Dane-se! Eu tinha que fazer e pronto! Talvez, analisando bem, a bronca fosse até um incentivo... Ademais, aquilo encaixava-se perfeitamente na minha viagem de adolescente, ou seja, ousar, chocar, inovar, fazer diferente... Isto era eu! Cabelos longos? Ótimo! Oxigenados? Melhor ainda!

Sílvia me explicou que a água oxigenada ideal para fazer a coisa era a de 10 volumes, ou seja, aquela que é meio pastosa. Comprei um frasco e, num sábado de sol, passei um pouco pelo cabelo. Comecei com timidez, propenso a sentir a coisa aos poucos.

Naquele primeiro dia, contudo, não observei qualquer diferença ao me examinar no espelho. Nos dias seguintes fui repetindo a operação, sempre em quantidade maior. E não deu outra. Em pouco tempo meus cabelos foram ficando avermelhados, ou meio dourados, ou aloirados, sei lá...

– Gugu, o que é isso??? O que é que está acontecendo com o seu cabelo???

– Oxigenei, mãe.

– Fez o quê?????

O mais interessante, além dos comentários de "como você é louco!", foi que acabei influenciando alguns de meus colegas com a idéia. Logo, quatro ou cinco deles, todos do colégio, estavam também com os cabelos oxigenados. Muita gente "tirava um sarro" dizendo que nós éramos um bando de "viados". Perfeito, pensava eu... Adoro polemizar!

Alguns estudiosos, li, afirmam que os cabelos são o principal meio de expressão visual que as pessoas têm no que se refere ao seu comportamento ou postura social. Ao verificarmos as mudanças de penteado ou de corte através das décadas, bem como as ousadias capilares de muitas pessoas que viveram de maneira revolucionária, isto faz muito sentido. Aquelas minhas tendências de adolescente não eram em nada exclusivamente minhas. Aconteciam no mundo inteiro, até bem antes que eu pudesse perceber. Como Moji, onde eu vivia, era um ambiente razoavelmente provinciano, criei para mim aquela pecha de comandar a minha turma naqueles arroubos de ousadia jovem. E eu adorava aquilo.

Muito provavelmente, raciocinando agora que estou mais maduro, o problema da calvície (no meu caso bastante precoce) provavelmente me impôs uma maior necessidade de usar os cabelos naquela minha postura de protesto, e daí essas coisas como cabelos exageradamente compridos ou água oxigenada.

Certa feita, reuni uns amigos com quem eu costumava tocar e fomos apresentar *Tem Piranha no Bidê* e outros "barulhos" num lugar lá em Moji. Apresentamo-nos, pela primeira vez, como um banda que tinha um nome. O nome era *H2O2*, ou seja, água oxigenada.

Golpe

É curioso como certas passagens, que para a maioria dos que as vivenciaram provavelmente estão esquecidas, podem eventualmente deixar marcas em alguém como a que agora narrarei deixou em mim. A coisa se referia ao meu problema, a queda de cabelo, e foi como receber uma notícia dura, traumatizante.

Deu-se, lembro-me, ainda naquele ano de 1982. No Colégio São Marcos, em Moji, tínhamos, no 2º grau, além de cursar as matérias normais, que optar por um curso técnico, com aulas semanais no período da tarde. Havia três cursos, dentre os quais escolhia-se um: eletrônica, edificações (para o pessoal que pretendia seguir para a engenharia ou a arquitetura) e patologia clínica. Optei por este último.

Tínhamos aula, de maneira revezada, com dois médicos. Eram dois sujeitos bacanas. Um deles usava barba, era relativamente baixo e sofria de calvície, o que motivava brincadeiras constantes do colega, para divertimento da turma. Afinal, éramos adolescentes...

Certa vez, não me lembro exatamente por quê, mas muito provavelmente por causa das brincadeiras, o assunto calvície veio à baila, justamente na aula do professor que era calvo. Ele nos disse então...

– Olha... Eu vou dizer uma coisa a vocês: só existe uma coisa que realmente pára a queda de cabelo!

Aprumei-me em minha carteira e coloquei-me em máxima atenção. Senti que ia ser dita uma coisa importante, que, ainda que nenhum de meus colegas presentes soubesse, interessava-me demais. Poderia, pensei, ser a resposta que eu procurava. O cara era médico! Além disso, vivia o problema. Saberia, calculei durante a pequena pausa que fez, o que iria dizer...

– A única coisa que realmente pára a queda de cabelo – concluíu – é o chão!

Era uma piada. Tentei esboçar um leve sorriso para acompanhar a classe que ria. Ninguém soube (cuidei disso) como aquela piada havia sido de mau gosto para mim. E nem pude julgar mal o professor por tê-la dito. O cara foi sincero e teve espírito esportivo... Fez uma piada dele mesmo apenas para que a classe risse. Mais ainda, era uma piada séria! Para aumentar meu desespero, sentenciou...

– Recomendo a quem tiver o pai careca ou casos de calvície na família que se prepare, pois, quando a coisa vem, é violenta.

Fiquei em silêncio. Eu já sabia o quanto aquilo era verdade. De qualquer forma, ouvi-lo de um médico, e um médico calvo, foi um golpe para mim.

1983

A juventude é uma banda numa propaganda de refrigerantes
"Terra de Gigantes" (ENGENHEIROS DO HAWAII)

Devo dizer, já que pretendo fazer deste um relato absolutamente sincero, que o desespero a que por vezes o problema da calvície me levava não era o suficiente para fazer de mim um jovem constantemente triste ou depressivo. Revoltava-me sim. Entristecia-me e revoltava-me. Contudo, ainda que eu volta e meia estivesssse lidando com aquele problema na solidão de meu íntimo, ou mesmo fingindo para mim mesmo que ele não existia, não posso dizer que eu tenha sido um adolescente infeliz. Eu era agitado, irriquieto, curioso, provocativo, mas também carinhoso, cheio de amizades, popular e divertido. É, eu era feliz... É que o jovem (observo hoje e o remeto à minha própria história) tem uma especial habilidade em guardar suas mágoas e tristezas nos compartimentos mais recônditos de sua mente. Era assim que se dava comigo. Ainda que a coisa me incomodasse bastante, era possível deixá-la de lado durante a maior parte do tempo.

Assim, é preciso que eu diga que o ano de 1983 foi um dos mais positivamente marcantes de minha vida, sobretudo por ter sido o último de colégio, fase tão especial para qualquer um de nós. O Colégio São Marcos, em Moji das Cruzes, foi um lugar que amei freqüentar, e muitas das grandes amizades que fiz lá conservo até hoje. 1983, talvez justamente pela iminência do fim daquela fase tão importante, ficou para mim como o mais saudoso dos anos que fizeram aquela época.

Voltando à parte capilar, 1983 foi também um ano de mudança (não completa) de atitude. Eu ainda era o que fora no ano anterior, mas sentia-me mais introspectivo e, ao mesmo tempo, aberto a novas idéias. Havia passado um pouco aquela coisa exclusivamente "sex, drugs e rock'n'roll". Eu ainda, é verdade, era um roqueiro, um contestador, um "fazedor" de barulho, ainda justificava, e muito, o apelido de Zueira. Para ilustrar, devo dizer que o 3º colegial, por mais paradoxal que possa parecer, foi justamente aquele em que meus colegas de classe e eu mais fazíamos bagunça, e pobres dos professores... Eu sempre estava em todas. Era uma zoeira (Zueira) danada! Mas houve em mim, como disse, uma forte mudança de atitude. Até 1982, de acordo, é claro, com os arquivos da minha própria memória, eu ainda era uma "criança-velha". A partir de 1983, tornei-me, penso, um "adulto-criança", o que é um primeiros passo na longa caminhada até a maturidade plena, então ainda longínqua.

Muito louco, eu havia deixado os cabelos oxigenados crescerem ainda mais no final de 1982 e não voltei a oxigená-los. Assim, o cabelo ficou por algum tempo metade escuro e metade claro, o que, obviamente, causava as reações que eu tanto gostava entre as cabeças mais conservadoras. No começo de 1983, cansei-me daquilo e finalmente os cortei. Não totalmente curtos, mas nunca mais tão compridos ou oxigenados. Fora uma fase. Eu já tinha feito e pronto. Que viessem novas idéias...

Infelizmente, deixar de usar os cabelos tão compridos não representou o que eu esperava no que se refere a uma eventual diminuição no ritmo da sua queda. Ainda que eu conscientemente não me recorde disso, tal perspectiva deve ter, muito provavelmente, influenciado minha decisão de afinal cortá-los. Minha mãe também deve ter lá seus créditos. Mas não observei, e isso me lembro bem, qualquer diferença, a não ser, obviamente, que os fios que caíam agora eram menores, o que, aliás, é pior. O calvário continuava...

Ainda que a rigor não se possa enquadrar os sentimentos que minha queda de cabelo me traziam como um estado de depressão, o que hoje, por outras experiências, bem sei como é, decerto causava-me uma enorme revolta. Muitas vezes flagrava-me, principalmente quando examinava minha situação diante do espelho, a falar, ou a gritar no desespero do silêncio...

– Por que eu, porra??? Por que eu??? Por que é que isto tinha que acontecer logo comigo...!? Não é justo! Não é justo!!!

Noutras vezes, e disso lembro-me bem, eu me via diante daquele mesmo espelho a examinar minha cabeça e a calcular quanto tempo ainda me restaria antes que os outros (ah, a vaidade!) pudessem perceber o que estava me acontecendo. Em certos momentos, era como se eu estivesse calculando o que me restava de vida, e por vezes lágrimas me vinham aos olhos...

Creio que foi naquela época, não importa o quanto eu próprio tenha dito acerca da saudade que 1983 deixou em mim, que comecei, aos poucos, em função da minha calvície, a desenvolver algo que me acompanharia por muitos anos de vida e de que só me livraria muito pouco tempo antes de eu ter a idéia de empreender este texto : complexo de inferioridade! (Ainda que eu não soubesse, e nem saiba, qual a melhor definição que a psicologia dá para o termo, e tomando, portanto, o senso comum que a ele se refere.)

Foi mais ou menos nessa época que, tendo a consciência cada vez mais plena da irreversibilidade do processo pelo qual passava, que fui me tornando um sujeito complexado. Perder os cabelos, símbolo maior de todas as atitudes rebeldes e revolucionárias em que eu tanto acreditava, além de referência obrigatória em todos os padrões de beleza, tanto feminina quanto masculina, fazia-me, a cada dia, desacreditar de mim mesmo. Talvez algum crítico zombe do que vou dizer, mas quem passou ou está passando por isto em uma idade tão precoce bem sabe como é sério: aos 18 anos a vida sem cabelos parecia uma perspectiva sombria e desinteressante.

Aquele era eu em 1983, o último ano em que alguém poderia olhar para mim sem perceber que eu estava condenado à calvície.

Inveja

Fulano de tal é um porco! Pelo seu cheiro já se percebe que não é nada chegado a um banho! Seus cabelos são tão oleosos que parecem graxa e, no entanto, ele os tem em enorme quantidade...!

ou...

Sicrano da Silva é o tipo mais careta que eu conheço! Está sempre com aqueles cabelos militarmente aparados! Tem uma cabeça senil, preconceituosa e arrogante! Provavelmente nasceu no século errado! Cabelos, contudo, não lhe faltam...!

ou...

Aquele mendigo do centro da cidade é de dar pena... É visivelmente doente, cheio de feridas pela pele, anda sempre maltrapilho e cheirando a pinga... Provavelmente não sabe o que é um banho há anos, mas seus cabelos, ainda que imundos e piolhentos estão lá, firmes e fortes...!

Um dos sentimentos humanos mais revestidos de tabus é a inveja. De saída, já traz sobre si o título de pecado capital, provavelmente o mais incriminador de todos os sete. Contudo, aludi a isso na introdução deste trabalho, estamos cansados de saber que, de diferentes formas ou em diferentes situações, todos experimentamos, muitas vezes, a inveja em nossas vidas. Quem nunca tiver sentido que me atire uma pedra de dez toneladas!

É que temos, e isto também costuma ser geral, o vício da hipocrisia. Há muita coisa que sentimos e pensamos que não costumamos deixar à mostra. Preferimos a segurança de nossas máscaras. Às vezes, pensando nisso, vejo este mundo como um autêntico baile à fantasia...

A experiência da calvície traz à baila para quem a vive a questão da inveja, e às vezes, principalmente para os mais fracos de espírito, imagino que possa ser difícil lidar com isto.

Se a coisa passa, como passa, e isto é extremamente humano e compreensível, pelo "Por que eu?", inevitavelmente chega ao "Por que não ele?", e nesta hora, principalmente quando se enfrenta o problema – seja o da calvície ou outro similar – muito jovem, pode ser ainda mais difícil lidar com isso.

Às vezes, muitos de nós, ainda que seja uma coisa absolutamente óbvia, deixamos de perceber que o mundo é essencialmente injusto. A vida é essencialmente injusta. Uns têm, outros não. Uns são, outros não. Uns podem, outros sequer sonham.

Deixo aqui de lado as "n" explicações que as "n" religiões têm, e *têm* mesmo muitas, para tudo isso, mas a injustiça, em todos os aspectos, está aí, em todos os lugares e realidades, o tempo todo.

E assim também é na Natureza. A injustiça não é privilégio humano. Outro dia ouvi um sujeito falar sobre isso na televisão... Uma zebra fica prenhe, leva quase um ano para gerar seu filhote, sente todas as dores do parto e, quando está enfim feliz da vida ao ver sua cria em pé, passa um leão com fome e a devora em minutos. É justo? Parece que não, mas é assim que é...

Se quero ser sincero ao abordar este tema que tanto faz parte de minha vida, não poderia deixar de mencionar, como aqui menciono, a questão da inveja. É difícil como assumir o termo "careca", mas não posso fugir, e aqui vai...

Sim, eu já senti muita inveja de caras que têm bastante cabelo!!! (E o careca que jamais o sentiu que me jogue aquela pedra.)

Ufa! Mais uma que está dita!

Dizem, talvez num outro eufemismo, que há a "inveja boa", caracterizada pela admiração ou pelo mero desejo de ser como ou de seguir o exemplo da pessoa invejada; e a "inveja má", pela qual se deseja a desgraça alheia. Se isto estiver correto, ao menos eu posso dizer que senti apenas a boa. Já muito quis ter cabelos como os que vi em outros homens, mas jamais desejei que alguém perdesse os seus.

Luciana

– Fala vai... O que é que você tem?

– Nada.

– Ah, essa não... Eu te conheço. Sinto que você está estranho... Acho que você quer me dizer alguma coisa...

– Tenho medo de parecer ridículo...

– Por quê? O que é que está acontecendo?

– Sabe... É uma coisa que acontece comigo... Faz tempo que penso em falar com você sobre isto... Mas não sei... Me dá um pouco de medo...

– Pode falar. Esqueceu que eu sou a sua namorada?

– É por isso mesmo... Tenho medo de te perder por causa disso...

– Mas o que é afinal? Aconteceu alguma coisa que eu não esteja sabendo?

– É... É uma coisa que está acontecendo comigo faz algum tempo...

(Ela fica ansiosa.)

– Ai... Fala logo!

(Crio enfim coragem.)

– Sabe o que é... É o meu cabelo!

– Cabelo? (Surpresa.) O que é que tem o seu cabelo?

(Pausa – Estou realmente sofrendo.)

– É que o meu cabelo... Eu o estou perdendo!

– Perdendo? Como assim?

– Talvez você não tenha percebido porque eu disfarço bem... Mas meus cabelos estão caindo... Acho que logo vou ficar careca... Tenho medo de te perder por causa disso...

– Ai... Mas que bobagem... Era só o que faltava...!

– É sério! Estou sendo muito sincero... Tenho medo de ficar feio para você e você me deixar...

– Não acredito que estou ouvindo isso...

– Você não vai me deixar?

– Claro que não?

– Nunca?

– Nunca.

– Jura?

– Juro!

O problema da calvície para um homem, passa, inexoravelmente, pela questão do relacionamento com as mulheres. Quando se é jovem e se enfrenta, como enfrentei, este problema, muitas vezes é difícil manter a auto-confiança por mais que as evidências apontem o contrário, ou seja, que tudo vai bem e que não há na verdade nenhum problema. O medo, ou a insegurança, tem, sem sombra de dúvida, a imaginação como sua maior aliada. Imaginar, como Jó, que o que se teme será consumado, é um constante problema humano. Como diria um poeta amigo meu... "Ah! A ansiedade...!"

Em minha infância/adolescência tive muitas "paqueras" e algumas namoradas. Desde Renata, entretanto, ninguém me fora tão importante, ou marcante, quanto esta garota, por nome Luciana. Nosso ardente namoro começou justamente no final daquele ano de 1983, quando a calvície ia se transformando num complexo, numa verdadeira neurose. O diálogo que acima reproduzi realmente aconteceu, e creio que a reprodução é bastante fidedigna, o que ilustra a enorme insegurança que a calvície precoce me trazia. Ninguém está psicologicamente preparado para enfrentar com serenidade a calvície antes dos 25 anos, fase em que a auto-estima e a auto-confiança estão tomando seus moldes finais no que tange à formação da personalidade. É realmente difícil para um jovem nesta idade deixar de se abalar por algo como a calvície, sobretudo quando ela já se faz notar pelos outros, o que, àquela altura, estava prestes a me ocorrer.

Luciana e eu tivemos um relacionamento intenso, cheio de idas e vindas, que se arrastou por cerca de cinco anos. Hoje é fácil para mim perceber que a minha calvície nada teve a ver com nosso rompimento, tanto o definitivo quanto os temporários. Contudo, além de outras dificuldades que permearam nosso namoro e que aqui não vêm ao caso, a queda de meus cabelos foi sempre uma "espada em minha cabeça", à medida em que alimentava minha imaginação contaminada pelo abalo de minha auto-estima, fazendo-me crer, em autênticos devaneios de insegurança, que aquela pessoa que tanto amei pudesse me trocar por alguém com um belo penteado.

O relacionamento com Luciana não foi o último que me fez sentir tal tipo de insegurança. Foi, entretanto, onde tal se deu com maior impacto para mim: em virtude da juventude, que sempre faz tão intensos os relacionamentos e tão inseguras as pessoas; e, em razão de eu estar então justamente às voltas com aquela metamorfose que se anunciava. As mulheres que depois vieram em minha vida já puderam ver de antemão que estavam se envolvendo com um sujeito calvo, o que, ainda que não afastasse totalmente os meus medos, ao menos deixava-os um pouco mais brandos.

Opiniões femininas

Já que falei sobre aqueles tempos com Luciana e sobre toda a questão da insegurança que o calvo sente com relação às mulheres, arrolarei abaixo algumas opiniões femininas sobre o assunto.

Para evitar, sendo eu um calvo, influenciar nas respostas das garotas, abandonei a idéia que havia tido de entrevistar algumas delas. Optei por colher as opiniões que se seguem de um *site* que encontrei na *Internet*, onde as mulheres, entre outras coisas, falam justamente sobre isto. Ficam aqui registrados meus agradecimentos ao pessoal do *site*, bem como às opinadoras.

Não vejo qualquer diferença entre homens calvos e outros homens. Cada pessoa tem suas qualidades e não é a careca que vai atrapalhar. Acho melhor, inclusive, assumir a careca do que usar uma peruca ou algo assim. Creio que a preocupação com detalhes estéticos advém do fato de estarmos muito presos aos padrões de beleza física. Namorei um rapaz que estava ficando calvo e isto não me fez gostar dele de forma diferente.

(I. – 25 anos – advogada)

O homem não precisa ter cabelos para ter charme. Sou fã de um antigo ator de cinema que era calvo e esbanjava sensualidade, mexendo com todas as mulheres que o viam na tela com seu olhar penetrante e sua postura viril. Não é o suficiente? E o que dizer dos atributos morais? Isto também faz uma mulher se apaixonar.

(G.S. – 25 anos – médica)

O careca é uma figura legal. Melhor ainda se tiver dinheiro no bolso. A maioria deles é simpática. Não acho feio um homem careca, mas devo confessar que entre um careca e um cabeludo, em regra, fico com o cabeludo. De qualquer modo, o careca deve ser natural, não deve usar peruca. Peruca é uma coisa ridícula, que tira a beleza do homem. Tentar disfarçar, de um modo geral, não é uma boa.

(R. – 33 anos)

O que eu acho dos carecas? Acho que eles devem se sentir normais porque ser careca não é o fim do mundo. Algumas mulheres até gostam dos carecas, principalmente dos mais charmosos, aqueles que andam de cabeça em pé, com orgulho de serem como são.

(M. B. P. – 14 anos)

Se a pessoa assume que é careca, tudo bem. Isso para mim não é nenhum defeito.

(J. – 27 anos – programadora)

Já me apaixonei por pessoas negras, branquelas, magricelas, gordinhas e até banguelas. Cada uma delas me conquistou pelo que era e não pela aparência física, pelo dinheiro ou por qualquer outra coisa que não fosse a amizade, a simpatia, a honestidade e a sinceridade. Não namorei nenhum careca porque nenhum apareceu, mas o faria numa boa. Aliás, é dos carecas que elas gostam mais...

(E. T. N.)

Na verdade os carecas podem ser até muito mais interessantes de que os "com cabelo", desde que tenham luz própria, charme e sejam cavalheiros. Aliás, prefiro os homens charmosos aos bonitos. Se um careca tiver personalidade, pode fazer com que sua careca encante e conquiste quem ele tiver vontade.

(R. P. – 23 anos – tradutora)

Não sou muito fã de carecas. Dependeria de cada um. Se ele conseguir me chamar a atenção e souber se aproximar, eu daria uma chance.

(C. – 25 anos)

Para falar a verdade, reparo mais no jeito da pessoa do que no aspecto físico, e, por isso, ser careca ou não é para mim indiferente na escolha de um homem.

(C. – 24 anos – estudante)

É bastante interessante observar que as opiniões femininas, tantos essas que transcrevi como outras que tenho lido e ouvido, são muito mais otimizadoras do que os calvos poderíamos supor. Que se medite sobre isto, principalmente quando vier aquela crise de insegurança...

1984

... at five o'clock they take me to the gallows pole
the sands of time for me are running low
(... às cinco horas serei levado à forca
as areias do tempo restam poucas para mim)
"Hallowed be Thy Name" (Iron Maiden)

Babu, Luís, Hélder e Silvião foram quatro dos meus grandes colegas de classe no Colégio São Marcos. Todos são até hoje meus amigos, sendo que com Babu (ele gosta de "Babooh") e Luís costumo manter freqüente contato. (Para quem leu meu livro *Síndrome do Pânico*, Luís foi um dos três que foram me buscar na noite em que tive a primeira crise na estrada.)

Estávamos os cinco reunidos em uma noite quente na casa do Babu, início de 1984. Todos tínhamos sidos aprovados no vestibular e eu era o único que não estava de cabeça raspada. Os quatro haviam sofrido trote nas faculdades em que haviam ingressado. Comigo ainda não havia acontecido.

Aliás, aquele assunto, o trote, vinha então me dando nos nervos. A queda de cabelo me fazia temer ter que o raspar. Eu já tinha muito menos fios do que um dia tivera e causava-me receio a aparência que aquilo podia me dar. Além disso, eu receava – infundadamente é claro – que, se fossem raspados, eles não mais cresceriam de modo satisfatório, e ainda tinha aquela coisa da Luciana. Por mais que isso fosse um absurdo, o avanço da calvície fazia-me sentir inseguro a ponto de realmente temer perder minha namorada se eu tivesse os cabelos raspados.

Dizia-se, não sei se com ou sem razão, que dificilmente se escaparia do trote na faculdade lá em Moji, onde eu havia passado, quando começassem das aulas. Eu procurava nem pensar no assunto. Sentia-me, de qualquer modo, disposto a defender minha (rala) cabeleira custasse o que custasse...

Naquela noite, ademais, eu estava saindo de casa pela primeira vez após vários dias de repouso em virtude de uma gripe violenta, e meus amigos sabiam disso, o que, além do fato de eles serem meus amigos, impediu-me de desconfiar que eles próprios iam empreender um "atentado" contra mim...

Foi Luís, sorrindo, quem anunciou...

– Zueira, nós vamos cortar o seu cabelo!

Senti um tranco de susto no peito. No primeiro instante quis acreditar que a brincadeira se limitasse à ameaça. "Não, eles não vão fazer isso comigo. Estão sabendo que eu estava doente. Ainda estou convalescendo..." Só vi que a coisa era séria quando notei uma tesoura na mão do Babu.

Minha reação foi simplesmente histérica. Cercado, gritei e xinguei os quatro com toda a voz (a mãe do Babu, a quem chamo carinhosamente de "tia", não estava em casa). Silvião, o mais forte, agarrou-me as pernas, Hélder pelos braços por trás e Luís aproximou-se com a tesoura. Babu, lembro-me, foi o primeiro a se intimidar com minha desmedida reação.

– Seus filhos da mãe! Se vocês fizerem isto comigo, eu juro que pego vocês, um de cada vez!!!

Eu estava caído no chão, seguro por Hélder e Silvião. Luís chegou levantar uma mecha de meus cabelos e os tocar com a tesoura, mas minha reação foi de balançar a cabeça fortemente.

– Se você fizer assim com a cabeça, acabo te cortando... – disse então Luís.

– Pois que corte! – respondi aos berros – Quero ver se você tem coragem! Mas eu juro que depois te quebro a cara!

Minha inesperada resposta o intimidou. Perceberam que minha tensão era séria e que não conseguiriam seu intento a menos que realmente me machucassem. Ou eu a algum deles.

Luís então refugou e eu consegui, ainda que com os braços presos, tomar-lhe das mãos a tesoura. Agora foi a vez de eu ameaçar os que me seguravam...

– Se não me largarem agora, furo os dois! (Era uma tesoura com ponta.)

Histérico que estava, ainda joguei a tesoura violentamente contra a parede, antes de sair batendo a porta. Chegando em casa, chorando, liguei para um outro colega de nossa classe, Fred, que também tinha entrado na faculdade e não havia ainda sofrido trote...

– Se os caras aparecerem aí, tome cuidado! Eles vão tentar cortar o seu cabelo!

Depois que o tempo passou, cheguei a até sentir vergonha de meus quatro amigos por aquela reação, sobretudo com relação a Luís e Babu, que são, até hoje, grandes amigos que tenho. De fato, devo admitir, meu nervosismo foi tão forte que eu creio que teria corrido sangue naquela noite se eles houvessem insistido. Tudo isso era fruto, e eu já sabia, da verdadeira neurose que o problema da calvície já havia feito nascer em mim. Eu pensava na Luciana naquele momento. Era como se eles a estivessem fazendo ir embora. Até hoje fico imaginando a perplexidade dos quatro após eu ter deixado a casa de Babu daquele jeito...

– Meu Deus! Esse cara está louco! (Certamente disseram.)

Mas a coisa não pararia aí... Aliás, é realmente curioso olharmos para trás e notarmos como já fizemos coisas totalmente absurdas, sobretudo na juventude. Assustado com a possibilidade daquele trote, tomei uma providência pela qual eu próprio hoje não me reconheço, mas de fato o fiz: de então em diante, comecei a andar com um canivete no bolso. Aquela neurose já era algo tão forte que eu realmente me sentia disposto a furar quem, amigo ou estranho, tentasse me cortar os cabelos... Pode?... E logo eu, o brincalhão, o "Zueira"!?!

Felizmente mais algum tempo se passou e acabei mudando de idéia. Minha mãe, inclusive, tendo observado minha forte reação a tudo aquilo (ela só não sabia do canivete), ponderou comigo que eu estava me desgastando à toa. Era melhor deixar acontecer e levar na esportiva, ou eu próprio poderia me machucar. Assim, por concluir que ela estava certa, acabei tomando uma decisão que invertia tudo. Só havia um jeito de acabar de vez com aquela ansiedade e, ao mesmo tempo, evitar qualquer violência (eu temia que, além de os cortarem, puxassem meus cabelos e os arrancassem): eu próprio iria ao barbeiro e os mandaria raspar.

Dito e feito. Era começo de março de 1984 quando, numa atitude estranhamente contraditória, e como se estivesse indo para a forca, dirigi-me a um barbeiro lá em Moji e pedi...

– Por favor, passe a máquina!

– Geral?

– Geral!

Durante a operação, lembro-me, evitei olhar no espelho. Quando, estando feita a coisa, arrisquei afinal uma olhada, lá estava o que eu tanto temia: minha testa. Minha enorme testa. Muito maior do que qualquer um entre os meus amigos, e talvez eu próprio, pudesse imaginar que fosse. Os tempos de segredo haviam chegado ao fim. "Luciana, – pensei – não me deixe! Eu te amo!"

Minha mãe passou para me apanhar de carro.

– Mãe, será que podemos passar em uma loja e comprar um boné?

Entradas

Era comum, durante aquele ano de 1984, que nós, os formados no ano anterior, continuássemos freqüentando o colégio nas horas vagas, sobretudo à tarde. Muito ligados que éramos com o pessoal que lá havíamos deixado, colegas e professores, a verdade é que precisamos de mais algum tempo para assimilarmos aquela separação. Assim, estávamos sempre aparecendo. No meu caso, acrescente-se, havia mais um motivo para eu estar toda hora por lá: Luciana, que também lá estudava. Foi no Colégio São Marcos, inclusive, que a conheci.

Numa daquelas tardes, início do ano letivo de 1984, eu ia entrando pela porta principal do colégio, não me lembro se exatamente para ver Luciana, tendo na cabeça o meu agora inseparável boné, quando encontrei uma outra garota que lá estudava, a Sandra...

– Zu! Você, careca?!? Não acredito...

Respondi com alguma besteira. Ela, entretanto, deu seqüência à conversa solicitando-me exatamente o que eu temia e vinha tentando evitar na medida do possível...

– E aí? Não vai tirar esse boné para eu ver?

Nesta época de pós-vestibular, muitos passaram e sabem disso, tem muito esta coisa de as pessoas quererem ver como é que você ficou com o cabelo raspado, ainda mais em se considerando que toda a sua turma, ou boa parte dela, se encontra na mesma situação. Talvez queiram ver quem ficou mais esquisito ou engraçado...! Naquele momento, diante daquela garota, lembro-me, não consegui nenhuma evasiva. Tive que tirar o boné e mostrar-lhe o meu ponto fraco. Seu comentário seguinte, antecedido de um olhar surpreso, foi o pior possível...

– Nossa, Zu! Mas por que é que você está com essas entradas?

Era de novo a história do avestruz... É claro que eu já sabia. Tenho espelho em casa e, ainda que agora às vezes de soslaio, eu olhava para ele. Mas é impressionante como às vezes é duro a gente ouvir uma coisa que já está cansado de saber! Como às vezes relutamos em aceitar o que está (ainda que através do espelho) diante de nossos olhos...! Era como se, até aquela tarde, eu estivesse pensando "está aí, eu estou vendo, mas, quem sabe, por milagre, os outros não vejam..." Dor. Vergonha. Frustração. É isso aí, Sandra! Sou eu, o cabeludo, e estou mesmo com estas... entradas!

É que até então, ou seja, até eu raspar a cabeça, os cabelos ainda cobriam as entradas, vale dizer, a região mais alta da testa que já se encontrava calva. As entradas já estavam lá, mas agora estavam visíveis.

O curioso, ainda sobre aquela tarde, foi que, até então, eu desconhecia esta expressão, "entradas". Apesar de Sandra ser mais nova do que eu, foi naquela tarde, com ela, que ouvi a expressão pela primeira vez. E de pronto percebi que vinha a calhar. Encaixava-se perfeitamente. Descrevia com exatidão aquela coisa de perder os cabelos na região frontal e ver a testa aumentar. Muitas vezes na vida, sobretudo se falasse com alguém a quem não conhecesse ou a quem não visse após longo tempo eu chegaria a dizer... "Como eu sou? Ah, eu tenho umas entradas!"

É novamente o recurso do eufemismo... É incrível como nos defendemos escolhendo as palavras... "Estar acima do peso" é melhor do que "ser gordo". "Não assinar" é melhor do que "ser analfabeto". Igualmente, "ter umas entradas" é muito melhor do que "estar ficando careca". Careca? Eu? Nunca! Só tenho umas entradas...

Eu era lindo e não aproveitei...

– Gugu, fala aí a escalação do São Paulo campeão paulista de 1975!

– 75? Fácil! Valdir Perez, Furlan, Paranhos, Nelson e Gilberto; Chicão, Muricy e Pedro Rocha; Terto, Mirandinha e Serginho.

– Agora diz aí o São Paulo campeão brasileiro de 1977!

– Baba! Valdir Perez, Getúlio, Estevam, Bezerra e Antenor; Chicão, Neca e Dario Pereyra; Mirandinha, Serginho e Zé Sérgio.

– Gugu, agora escala o Brasil da copa de 78!

– Tranqüilo! Leão, Toninho, Oscar, Amaral e Edinho; Toninho Cerezzo, Batista e Dirceu; Gil, Roberto Dinamite e Jorge Mendonça.

Não sei se acontece com todos os calvos esta coisa estranha – e bastante depressiva – que aconteceu comigo e de que agora falarei...

Como disse, fui um garoto bonito durante a infância e pré-adolescência. Contudo, durante tais fases, tirando aquela coisa com a Renata, não tive, até, muitas vezes, pela timidez da idade, grandes envolvimentos com meninas, mesmo que muitas delas, lembro-me, tenham se interessaram assumidamente por mim.

Naqueles tempos, principalmente pelos 11, 12, 13 anos de idade, ainda que sempre houvesse alguma colega da escola ou alguma garota do prédio a fim, eu estava sempre muito mais interessado em outras coisas, principalmente pelo futebol. O próximo jogo do São Paulo contra o Palmeiras era certamente alvo de muito mais atenção de minha parte do que qualquer menina, por mais atraente que fosse. Não que nunca houvesse nenhum interesse de minha parte, mas a coisa ainda não fluia como depois viria a ser. Renata fora a única com quem houve seriedade, ainda que, paradoxalmente, fossemos tão crianças quando nos envolvemos...

Quando somos meninos, some-se, tem ainda (ao menos na minha geração foi assim), aquela coisa de se dar ouvido demais aos colegas, e sempre havia um por perto para dizer... "Fulana? Para mim é feia! Sicrana? É uma chata! Beltrana? Sai dessa! Muito gorda!" Tímido, eu ainda acabava, lembro-me bem, dando ouvidos àquelas nefastas influências...

Na adolescência a coisa, como é natural, se inverte. Ainda que sempre sobre espaço para o amor ao futebol (eu ainda sei muitas escalações do São Paulo e de vários outros times e seleções de diferentes épocas), o sexo oposto passa a ser a prioridade. Para meu desespero, isso deu-se mais ou menos na mesma época, ou apenas um pouco antes, em que o problema da queda de cabelo começou para mim.

Tendo a auto-estima rebaixada ao chão em razão da calvície, e isso perduraria por anos, logo veio o inevitável raciocínio...

– Sou mesmo um desgraçado! Quando era bonito e as garotas me adoravam, eu estava mais interessado em futebol, ou em futebol de botão, ou em pebolim, ou em bicicleta, ou em skate... Agora, que tanto as quero, meus cabelos caem e já não sou o mesmo. Droga! Eu era lindo e não aproveitei!

Silogismo da baixa auto-estima do calvo

Premissa maior: Ser careca é feio.
Premissa menor: Sou careca.
Conclusão: Sou feio.

Passei, e como passei, por isso. Assumo.

Transição

A partir daquele momento, 1984, época em que definitivamente chegava ao fim a possibilidade de esconder dos outros o problema que me afligia, houve, por outro lado, uma certa desaceleração do processo de queda de meus cabelos. Não que o processo tenha chegado à lentidão, mas já não acontecia com a enorme velocidade de antes. Tanto, creio, deveu-se principalmente a dois motivos: em primeiro, o fato de eu agora já ter muito menos cabelo, portanto menos para cair; e, em segundo, eu nunca mais havê-los permitido crescer muito ou deixado de mantê-los permanentemente limpos e penteados.

Posso dizer assim que passei, desde aquele 1984 até – mais ou menos – o fim da década de 80, por uma transição em minha imagem. Uma coisa que talvez possa ser dito como "do cabeludo para o meio calvo e do meio calvo para o calvo". A calvície, como, aliás, a quase totalidade dos processos ou fenômenos que ocorrem no corpo humano, por mais acelerada que possa eventualmente vir a ser, tem como característica a gradatividade, o que nos permite, por mais traumas que haja, e há, contar com a possibilidade da adaptação, outra, aliás, marcante característica do ser humano. Imagino que doenças ou outros fatores que – como no caso da Camila da novela – causem a calvície de uma hora para outra sejam muito mais traumatizantes e constituam um golpe muito mais potencialmente aniquilador na auto-estima de alguém.

Dessa forma, durante toda aquela fase, convivi com uma degradação um pouco mais lenta, mas sempre constante, de meus cabelos e, paralelamente, de minha auto-estima. Era aquela coisa do complexo de inferioridade, ou neurose, que me tanto afetava e que aos poucos me enfraquecia em termos de auto-confiança.

A coisa ia então mais ou menos assim... Será que está dando para ver?... Acho que sim, mas será que muito?... Será que dá para ver no primeiro contato ou será que só num exame mais detido?... Será que combina comigo?... Não, isto não combina com ninguém!... Será que ainda sou bonito? Ou já sou feio? Ou será que estou mais ou menos, nem bonito nem feio?!?

Ou então...

Aquela garota é maravilhosa, mas já não é para mim, pois agora eu sou calvo... Acho que estou tocando bem e fazendo umas músicas legais, mas jamais serei um astro do rock, pois eu sou calvo... Esta roupa é muito legal, mas seu aspecto jovial não combina comigo, pois eu sou calvo...

Houve uma passagem que, assim como a conversa com a garota Sandra e sua observação sobre "as entradas", marcou-me bastante...

No ano de 1985 nos mudamos de volta de Moji para São Paulo. O motivo principal, ainda que eu novamente tivesse sido contra a mudança (eu preferia viajar todo dia, o que seria, depois concordei, uma loucura), foi o meu ingresso na PUC. Eu havia feito o primeiro ano na faculdade de Moji, mas tentei de novo o vestibular e fui aprovado, acabando por optar pelo reinício do curso na PUC em virtude de ser esta uma faculdade mais tradicional e tida como mais "forte".

Ainda em 1985, após o retorno a São Paulo, entrei para um banda, chamada "Perto de Paris", como contrabaixista. Nosso repertório baseava-se em "covers" das bandas que faziam sucesso nas FMs da época, como Ultraje a Rigor, Paralamas do Sucesso, RPM, Duran-Duran, U2, Simple Minds etc, e nos apresentávamos em algumas casas noturnas importantes da noite paulistana naquela época...

Era o baterista da banda, Fernando, que falava com alguém ao telefone naquela oportunidade. Eu estava ao seu lado. Conversa ia, conversa vinha, quando ele disse...

– Sabe o baixista na nossa banda?

A pessoa do outro lado da linha deve ter perguntado...

– Qual de vocês é o baixista?

E ouvi então Fernando dizer...

– É aquele alto e meio careca!

É certo que as pessoas de um modo geral, sobretudo as amigas, sabem que este tipo de assunto, a calvície para o calvo, a gordura para o gordo etc, costuma ser delicado para quem o vive, e procuram assim evitá-lo na medida do possível. Contudo, ainda que diante de tal consideração, o episódio que acabo de narrar foi apenas um entre os vários que confirmavam o que eu sabia mas, avestruzalmente (acabo de inventar esta palavra), procurava negar para mim mesmo ou até cogitar que os outros não o pudessem perceber...

Mas não tinha jeito. Por mais que eu sofresse e não aceitasse, a verdade inexorável é que na segunda metade da década de 80, entre os meus 20 e 25 anos de idade, eu já era um "meio-calvo".

New Wave

Era ainda aquele biênio 1984/85 quando surgiu um novo modismo, uma "nova onda" entre a juventude que viria a ser nova razão de angústia para mim. Como já mencionei, é muito difícil para o adolescente ficar de fora das tendências, das coisas e idéias de sua época ou de sua turma. Se você fica de fora, é marginalizado, deixa de fazer parte, deixa de ser bacana e, entre os 19, 20 anos, isto ainda está muito presente. Provavelmente ainda muito imaturo àquela altura, eu não podia ficar de fora daquela "nova onda". Todos os meus amigos a incorporaram e não seria eu o excluído.

Tanto se tratava de uma "nova onda", que assim ela era chamada. Era a época do New Wave, cujas principais referências musicais eram bandas como o B-52's e mesmo o Duran-Duran. Muitas bandas nacionais da época também acabaram incorporando aquele espírito do New Wave, inclusive a revolucionária Blitz, precursora da incrível explosão da música pop brasileira naquela década de 80.

Como toda tendência ou modismo jovem, o New Wave tinha as suas regras no que tange à parte visual. Vieram as roupas extravagantemente coloridas, quase que parodiando os anos psicodélicos dos Beatles e Cia. Ltda., onde se impunham com extremo vigor as calças largas de algodão e elástico na cintura, de todas as cores possíveis e imagináveis. Eu próprio tive várias delas. Tênis de pano coloridos também estavam por cima. Era quase um novo tropicalismo. Havia ainda um acessório absolutamente obrigatório: os óculos escuros, principalmente os de plástico, um pouco anos 50...

E a coisa, já que havia tantas referências também à época do "estúpido cupido", passava certamente pelo cabelo, para o qual o gel – muitos dizem gomalina – passou a ser a nova onda. Cabelos penteados para trás e empapados com gel, tomando aquele aspecto de permanentemente molhados, eram a ordem do dia. Surgiu até, ou ao menos explodiu naquela época, uma marca de gel chamada "New Wave", que era artigo obrigatório no armário de banheiro de qualquer casa onde houvesse gente jovem.

Instalou-se assim meu novo drama. A princípio, lembro-me, até tentei me isolar, dizendo-me desinteressado ou imune a essas "modinhas". Mas o apelo que esse tipo de coisa tem é muito forte quando se é jovem. É aquela coisa do "ficar de fora". Acaba sendo muito difícil resistir...

Mas como pôr sobre a cabeça algo que fazia destacar justamente o que eu mais tentava esconder? Era um problema. Umedecer os cabelos, passar-lhes gel e penteá-los para trás era uma seqüência que só fazia tornar as minhas "entradas" muito maiores e mais visíveis, transformando-as em verdadeiros "saguões", deixando-me muito mais vulnerável!

Por incrível que, em se considerando toda a coisa do complexo de inferioridade, pareça, a necessidade de "participar da tribo" falava mais alto. Coisas da idade, decerto... De fato, ainda que em extrema concessão, muitas vezes apliquei-me o tal do New Wave antes de sair para as "baladas" da idade, ainda que aquilo significasse "baixar a guarda" no que toca ao meu flanco mais frágil. Quando o fazia, recordo-me, restava observar a reação das pessoas, sobretudo das garotas, quando me viam naquela verdadeira nudez em que eu me sentia naqueles falsos arroubos de careca assumido. Não era fácil. Se alguma garota não sorrisse para mim da maneira que eu estivesse esperando, eu certamente já sabia que sobre a minha cabeça estava o motivo do descaso. Foram tempos difíceis para a minha vaidade e auto-imagem aqueles anos 80... Quando a moda do gel passou, ou ao menos eu dela me cansei, senti-me aliviado. Se assumir a calvície já era difícil, enaltecê-la era, ao menos então, uma verdadeira tortura.

Dez frases que calvos complexados costumam dizer e suas respectivas traduções

1

Frase: *Herdei a calvície de meu pai. Ele, de meu avô. É uma espécie de tradição de minha família, onde quase todos os homens são calvos. Pode parecer estranho, mas temos até um certo orgulho disso.*

Tradução: *Tanto homem para a minha mãe casar e ela foi escolher logo um careca...! Olha só o resultado...! Jamais perdoarei meu pai por esta maldita herança!*

2

Frase: *Tenho certeza de que a Ana nem vai reparar na minha calvície. Ela é uma garota inteligente, com a "cabeça feita", e não há de se importar com bobagens como a aparência exterior.*

Tradução: *Eu adoro a Ana, mas como esperar que ela olhe para um careca como eu? Talvez seja melhor admitir que não tenho nenhuma chance e desistir... O melhor que tenho a fazer é procurar uma menina feia, que não tenha muitas opções...!*

3

Frase: *A calvície é como um pedigree! Só os nobres a têm!*

Tradução: *A calvície é uma merda! Só quem a tem sabe como é horrível!*

4

Frase: *Muitos homens são belos mesmo sendo calvos. Cada um tem seu estilo. Às vezes a calvície até combina com a pessoa.*

Tradução: *Todos os homens que representam padrões de belezas têm fartos cabelos. Só um idiota não o percebe. Quando algum homem calvo é reconhecido por sua beleza, certamente se trata de uma "exceção excepcionalíssima".*

5

Frase: *Prefiro ser calvo a ser uma pessoa de caráter vil!*

Tradução: *Faria qualquer coisa para ter meus cabelos de volta, por mais imoral que fosse!*

6

Frase: *Cabelo comprido é coisa de bicha!*

Tradução: *Sinto-me inferiorizado por homens cabeludos com relação às mulheres!*

7

Frase: *Aquela bichona com aquela cabeleira não me engana!*

Tradução: *Espero que eu engane todo mundo e que ninguém note os meus recalques advindos da calvície! Espero que ninguém note que em função dela eu me sinto menos homem!*

8

Frase: *Posso ficar careca, mas peruca eu não uso! Tenho personalidade!*

Tradução: *As perucas são muito facilmente perceptíveis. Se houvesse uma peruca perfeita, que ninguém notasse, eu decerto a usaria!*

9

Frase: *Sou careca mas tenho uma mulher maravilhosa que me ama!*

Tradução: *Gostaria de ser um garanhão e comer todas, mas como posso se sou careca?*

10

Frase: *É dos carecas que elas gostam mais!*

Tradução: *Como sou careca, já não gosto mais de mim!*

Brinco

Foi no fim (outubro, creio) daquele ano de 1984 que tive o último dos meus arroubos de rebeldia adolescente no que tange ao visual. Decidido que estava, e muito em função do meu problema, a não mais deixar os cabelos crescerem como antes, decidi ousar de outra maneira: furei a orelha.

Eu havia passado algumas semanas antes alimentando a idéia. Fui a uma farmácia onde existia uma daquelas pistolas apropriadas para fazer o furo. Queria saber exatamente como funcionava, se a coisa doía etc, ao mesmo tempo em que examinava os modelos de brincos que eles tinham e que podiam ser usados na pistola. Um deles, com um pequeno brilhante branco parecia mais ou menos o que eu procurava. Confesso até haver hesitado, mas queria muito e acabei fazendo.

Esclareça-se que tal hesitação muito se justificava. Afinal era 1984. Hoje é normal rapazes usarem brinco, mas na época não era bem assim. Para dar uma idéia, eu jamais havia visto um homem usando brinco em Moji, onde eu morava. Aliás, modestamente, quando vejo hoje um garoto de brinco na orelha sinto-me feliz por ter sido um dos pioneiros na coisa. É bom saber, em termos de costumes, que fiz um pouquinho para mudar o mundo em que vivo...

Dito e feito, lá estava eu naquele já longínquo 1984 com meu brinco na orelha esquerda. E o resultado foi exatamente o que eu, naquele, como disse, arroubo de rebeldia, esperava... Aquilo era demais para a mentalidade mojiana de então. "O cara pirou! Desandou de vez! Cabelo comprido vá lá, mas brinco!? Onde já se viu? Ou então é bicha! Só pode ser...!" Foi legal...!

Esta história do brinco a princípio nem teria lugar no presente trabalho não fosse por um detalhe... Um detalhe que jamais, agora noto, compartilhei com quem quer que fosse...

Sim, eu gostava de usar brinco, gostava de ser diferente, gostava de provocar, gostava de estar sempre ousando... Contudo, à medida que eu sentia o avanço da calvície, fui aos poucos achando que aquela coisa, que eu tinha como algo essencialmente rebelde e jovial, já não combinava comigo. Meu complexo estava me consumindo também neste sentido. Se brinco era bacana, e ao cabo de dois ou três anos já se tornava comum que homens o usassem, agora já não era para mim. Aquele meu último arroubo de inovação *teen* ia pouco a pouco, ao menos segundo a ótica da minha neurose, tornando-se incompatível comigo próprio em virtude da calvície. Era como se eu, perturbado que estava, não me sentisse mais uma figura que transmitisse um ar irresponsável ou audacioso.

Assim, se de 1984 a 1987 eu usei o brinco constante e ininterruptamente, aos poucos o fui abandonando. Logo só o usava em determinadas ocasiões. Se minha memória não me trai, deu-se em 1989 a última vez que pus um brinco na orelha. Foi mais uma limitação que a neurose da calvície a mim impôs...

É certo, e que isto fique bem claro, que esta incompatibilidade que eu via entre brinco e calvície era uma coisa minha. Analisando, era como se eu tentasse passar uma imagem jovial ao mesmo tempo em que me sentia, em razão de meu complexo, exaurindo uma imagem decadente. O paradoxo em que aquilo me lançava fazia-me sentir patético, a ponto de afinal desistir. Mas isso foi, repito, uma coisa minha. Quero deixar claro que acho bastante interessante o brinco para o homem e, mesmo no caso dos calvos, dou a maior força!

Dados científicos

Ainda que o presente trabalho – por ser o relato de um calvo acerca do seu problema e não uma obra médica – não pretenda avançar pelo campo científico do assunto, há algumas informações, e mesmo curiosidades, que acredito de importante citação...

Muitas destas informações que aqui passo a reportar foram colhidas no site *Clube dos Carecas*, cuja existência e sucesso atestam a relevância de se discutir a calvície e a cujos organizadores e colaboradores agradeço pelo material e parabenizo pela iniciativa.

A título de notícia histórica, descobertas arqueológicas em papiros egípcios constataram a presença de fórmulas para combater a calvície datadas do ano de 4.000 a.C., o que atesta que a preocupação relativa ao assunto é muito mais antiga do que eventualmente se possa imaginar. Curiosas eram as composições de tais fórmulas. Numa delas cozinhava-se pata de cachorro misturada com casco de asno. Noutra utilizava-se gordura de leão, hipopótamo, crocodilo e outros animais. Outra, pedia rato cozido, dente de cavalo, gordura de urso e medula de cervo. Tanto no Egito antigo como na Roma dos Césares apareceram muitas dessas fórmulas, provavelmente sempre sem qualquer sucesso, para as quais os mais diversos membros do reino animal estavam sempre a contribuir, às vezes com sangue, às vezes com urina, com tripas, pêlos, penas etc. Sabe-se também que tais produtos não apenas demonstram que a preocupação com o problema da calvície vem de há muito, mas também sugerem que o charlatanismo ao redor da questão é igualmente antigo.

Hipócrates, grego que muito contribuiu para o avanço da medicina, observou, por volta de 460 a.C., que crianças e eunucos não desenvolviam a calvície. Nos anos 40 (já do século XX), J. B. Hamilton enfim comprovou a relação da queda de cabelo com um hormônio masculino denominado testosterona, o que explica o problema ser comum entre os homens e relativamente raro entre as mulheres. Comprovou ainda que a hereditariedade é um fator decisivo no que se refere à calvície. Com efeito, cerca de 50% de homens que têm pais calvos acabam experimentando a calvície em algum momento de suas vidas.

A queda de cabelo genética, chamada cientificamente de *alopécia androgênica*, que é justamente aquela para a qual o indivíduo já traz uma pré-disposição herdada de sua ascendência, é responsável por mais de 95% dos casos de calvície. Em outras palavras, pelo menos 19 em cada 20 pessoas calvas trazem o problema como característica de família.

A *alopécia androgênica* manifesta-se progressivamente, passando de uma fase inicial para estágios mais avançados. Pessoas diferentes vêem a coisa se iniciar em épocas diferentes e se desenvolver em velocidades diferentes. No meu caso, que é típico de *alopécia androgênica*, os cabelos começaram a cair em uma idade bastante precoce: 15 anos. Outros enfrentam o problema a partir dos 20, outros dos 25 etc. Em alguns casos, citando novamente o meu, a calvície acentua-se mais rapidamente na parte frontal da cabeça (entradas). Noutros mostra-se mais celeremente na parte de cima (coroinha).

Muito menos comum, a *alopécia areata* é uma desordem do sistema imunológico que faz com que os folículos capilares parem de produzir cabelo, levando o paciente à calvície. Em muitos casos esse tipo de calvície pode causar uma queda desordenada no cabelo, contrastando regiões da cabeça. Em casos mais graves, a *alopécia areata* pode levar à perda total dos cabelos, o que não ocorre na *alopécia androgênica*, na qual sempre se preserva – ao menos – os cabelos das partes laterais e traseira da cabeça.

Outro tipo de queda de cabelo, sem nome científico específico, é o oriundo de trações constantes dos fios, como as que podem ser causadas pelo uso de "trancinhas", ou mesmo pela mania de ficar escovando o cabelo constantemente. Há também um distúrbio de ordem psiquiátrica denominado *tricotolomania* que leva o seu portador a arrancar os cabelos compulsivamente, podendo assim causar a própria calvície.

Radiação ou alguns produtos químicos, ou medicamentos, como bem se sabe, podem causar a queda de cabelo. Voltando ao exemplo da Camila da novela, a quimioterapia que se emprega em muitos casos de câncer tem efetivamente esta conseqüência. Nestas situações, entretanto, o cabelo tende a voltar ao normal quando se encerra a utilização daquele produto ou medicamento.

Há ainda outros quadros que podem resultar em queda de cabelo, como o stress agudo, certos tipos de deficiência nutritiva, algumas disfunções hormonais, ou, às vezes, determinadas doenças crônicas.

Palpites alheios

Se a calvície e a síndrome do pânico, dois males que fizeram parte de minha vida, têm algo em comum, sobretudo nas suas primeiras fases, é o fato de gerarem os mais diversos (e às vezes absurdos) palpites alheios que se possa imaginar. Sempre, é claro, os palpites são bem intencionados, mas, com igual freqüência, desprovidos de qualquer procedência.

Vamos aos da calvície...

1

– O que faz o cabelo cair é esfregar o couro cabeludo com as unhas ao aplicar o xampu! Use apenas as pontas dos dedos para lavá-los e certamente eles deixarão de cair!

2

– A alimentação é a chave de tudo nesta vida e com o cabelo não é diferente! Veja por exemplo os japoneses... Sua dieta é baseada em peixe cru e legumes... Por isso é que quase todo japonês tem cabelos lisos e fartos! Raramente se vê um deles ser calvo...!

3

– É tudo uma questão de atitude mental e de auto-conhecimento! Se seu cabelo está caindo é porque você de alguma forma está querendo se punir por alguma coisa de que você se sente culpado! É preciso adotar uma visão holista para tudo nesta vida, do trabalho ao sexo, do sexo ao cabelo!

4

– Aposto que você bate muita punheta! Já me disseram mesmo que isso faz cair cabelo! Eu sei que às vezes não é fácil, mas tente dar uma maneirada...!

5

– Se eu fosse você, nem esquentava a cabeça... Do jeito que a medicina caminha, daqui a uns cinco anos calvície vai ser coisa do passado!

6

– Você tem que falar com o seu cabelo! Com todo ele, todos os fios! Diga-lhes: "Meus queridos cabelos, eu amo vocês e não quero que vão embora! Fiquem, por favor!"... Se você fizer isso com carinho certamente eles atenderão, pois assim é o nosso corpo, precisa sempre que nós lhe demos atenção...

7

– Você tem que parar de consumir frituras, açúcar, chocolate, refrigerante, carne vermelha, café, leite e amendoim! Essas coisas deixam o cabelo oleoso e por isso ele cai! Água do mar e da piscina também não é bom! Use sempre creme rinse e não use secador!

8

– Deus quer que você mantenha seus cabelos, pois o seu corpo, como o de todos nós, é obra Dele! Mas você precisa aprender a canalizar a sua fé para que Deus possa lhe ajudar! Por que você não aparece lá na Igreja? Estou certa de que o pastor saberá lhe aconselhar da melhor maneira... Venha e Deus será contigo!

9

– O que resolve esse negócio de calvície é babosa! Passe babosa no cabelo um pouco antes de tomar banho e eles certamente deixarão de cair!

10

– O que resolve esse negócio de calvície é babosa! Mas não adianta nada passar antes de tomar banho! Tem que passar é logo depois do banho e eles certamente deixarão de cair!

Babosa

Dentre os palpites que acima citei, um a que cheguei a dar ouvidos foi o da babosa, mesmo porque o mesmo veio, também, de minha própria mãe. Um belo dia ela chegou em casa dizendo:

– Olha só o que eu trouxe para você! Sabe o que é isto?

– Não!

– É babosa para você passar no cabelo! Diz que é ótimo para fazê-lo parar de cair... E tem mais: vou plantar aí no quintal para que você sempre tenha à mão!

Para quem não sabe, a babosa é uma planta feita de folhas (ou serão caules) bastante grossas, com 20 cm em média, verdes e duras, com alguns espinhos nas bordas. Cortando-a com uma faca, extrai-se dela um líqüido pastoso de cor branca, que seria bom, segundo dizem, para fortalecer os cabelos.

Pela orientação de minha mãe (orientada sabe-se lá por quem...) a operação consistia em retirar aquela gosma da planta e passá-la pelo couro cabeludo, massageando-o com as pontas dos dedos. Eu deveria fazer aquilo durante uns cinco minutos, cerca de dez minutos antes de tomar banho.

No começo, confesso, eu até que fiquei animado e, durante um bom tempo, ainda que aquele ritual fosse algo extremamente irritante, passei aquela coisa na cabeça antes de tomar banho, mesmo porque a planta pegou fácil no quintal de casa, de modo que nunca faltava. Eu me sentava e ficava tocando violão durante aqueles dez minutos, enquanto aquela meleca endurecia no meu cabelo.

Alguns meses se passaram e nada... Meus cabelos continuavam a cair da mesma forma. Se o ser humano já tem, de um modo geral, tendência a ser imediatista, que se dirá de um jovem na minha situação!? Não demorou muito e fui me cansando daquilo... O mais tragicômico, acrescente-se, era que eu sempre perdia mais alguns fios quando fazia a porcaria da massagem de aplicação. Um belo dia me cansei de vez e disse à minha mãe:

– Mãe, agradeço a sua boa intenção, mas este negócio de babosa não está resolvendo nada. Já me encheu! Não vou mais passar essa porra na cabeça! Aliás, é isso que essa gosma parece: porra!

– Tudo bem! É você quem sabe...

E assim foi.

Não sei dizer se a babosa tem ou não alguma propriedade que possa efetivamente combater de alguma forma a queda de cabelo, ou ao menos amenizá-la. Segundo reportagem que assisti outro dia sobre o assunto, isso jamais foi comprovado cientificamente.

Loções, dietas e acupuntura

Ainda que eu tenha me referido acima às muitas "sugestões" que se costuma receber quando às voltas com um problema como a calvície, devo dizer que a da babosa não foi a única a que dei ouvidos. Na verdade cheguei a fazer várias outras coisas que ouvi dizer que poderiam fazer o cabelo parar de cair...

Não sei dizer quantas loções, recomendadas não sei por quem, por terem sido indicadas sei lá por qual especialista não sei do quê, passei na cabeça. Apenas para ilustrar, lembro-me de uma que não era apenas uma loção, mas um *kit* com loção e xampu. Eu devia usar este ao tomar banho e passar aquela em seguida (ou aquela antes deste... sei lá!). Assim como no caso da babosa, o raio da loção, que ao menos não era gosmenta, fazia com que eu perdesse alguns fios durante a massagem de aplicação, o que, diga-se, deixava-me bastante irritado. Quanto ao xampu, lembro-me, além de ter um cheiro que não se podia classificar como agradável, fazia pouca espuma e não combatia a oleosidade que sempre tive nos cabelos. Mas o pior de tudo, ainda que se deva dar um desconto em razão do meu imediatismo de jovem ansioso, era que, tal qual se deu com a babosa, nenhum resultado positivo se fez notar. Não cheguei a comprar o segundo *kit*...

Em outra ocasião, entrei na onda do vegetarianismo. Parecia atraente. Combinava com aquela coisa de rock'n'roll, contestação, ser diferente etc. Além disso, não sei porque ou através de quem, meti na cabeça que consumir mais vegetais e eliminar a carne seria bom para os cabelos. Na verdade, até hoje, sinto como uma de minhas maiores contradições o fato de eu comer carne ao mesmo tempo em que sou extremo defensor dos direitos dos animais e chego a envergonhar-me quando vejo as crueldades que se cometem contra eles. Mas, justamente por ser humano, sou fraco e, como já disse, contraditório... De qualquer modo, voltando ao episódio, entrei naquela onda, e a coisa não era nada fácil. Uma, porque todo mundo está sempre comendo carne perto da gente. Duas, porque a carne entra, mesmo que não seja o principal componente, em quase todos os pratos. Durante algumas semanas sofri na tentativa de manter aquela nova atitude (e como sofri vendo meus amigos comendo *cheeseburgers*). Tendo em vista as dificuldades e, principalmente, a nova ausência de resultados no plano capilar, desisti.

Outra idéia a que dei ouvidos inutilmente foi a da acupuntura. Foi ainda na época de Moji. Naqueles tempos a acupuntura ainda não tinha o status que tem hoje. Era meio novidade, meio zen, e também, talvez, meio rock'n'roll e contestação... Falaram-me de um sujeito que seria bom na coisa. Procurei-o. Apesar de trabalhar com acupuntura e de viver em Moji, o cara não era oriental (digo assim porque em Moji há muitos orientais, sobretudo japoneses ou seus descendentes).

– Ouvi falar que o senhor trabalha com acupuntura... Não sei se pode me ajudar... Não sei se a acupuntura trata este tipo de coisa...

– Do que se trata?

– É o meu cabelo. Cai muito. O sr. vê... Sou ainda adolescente e já estou perdendo muito cabelo... Isto me deixa muito triste...

– Vamos dar uma olhada...

O sujeito pegou meus braços e os apalpou na região dos pulsos. Muitos anos depois eu soube que isto se chama "pulso chinês", uma técnica milenar que permite ao entendido examinar a pessoa apenas tocando determinados pontos daquela região... Feito o exame, fui convidado a deitar em uma maca. Logo ele veio com as agulhas...

– Acho que isto vai dar um jeito...

Enchi-me de esperança. Nem me importava com o fato de algumas agulhadas doerem um pouco. Ele me espetou nos braços, mãos, orelhas, rosto, testa e até no alto da cabeça. No final da sessão, ainda me deu uns choques com uma coisa que mais parecia um acendedor de fogão.

– Volte depois de amanhã! Vamos fazer duas sessões semanais, neste mesmo horário!

Quando cheguei em casa e relatei o que havia feito a minha mãe, ela, que pensava que eu havia ido apenas ter uma conversa com o cara, quase teve um treco...

– Você deixou o cara te enfiar um monte de agulhas?

– Acupuntura é isso, mãe! Ou você não sabia?

Consegui convencê-la a me deixar continuar na coisa por algum tempo. Contudo a história se repetiu. Era muita agulha para pouco resultado. Novamente desisti.

Sei que a acupuntura é uma ciência séria e não quero aqui desmerecê-la. Todavia, ainda que eu possa haver desistido depressa demais, não creio que se possa tratar ou solucionar o problema da calvície através dela. Se funcionasse, já estaríamos todos sabendo.

Às vezes fico pensando... Que mais eu teria sido capaz de tentar se me dissessem que fosse bom para combater a calvície? Velhos tempos...

Pensamento positivo

– Estou ligado à força do poder cósmico infinito, que faz com que meus cabelos sejam fartos, fortes e cada vez mais resistentes!

ou...

– Meus cabelos são uma manifestação de Deus neste mundo e como tal são dotados da perfeição harmônica que rege todo o universo! Ciente que estou disto, nenhum fio cairá de minha cabeça!

ou...

– Eu quero! Eu posso! Eu sou! Meu desejo é o desejo divino e por isso há de ser realizado! A inteligência infinita que há em mim determina que, a partir de agora, a calvície seja uma coisa do passado!

A coisa já vinha se insinuando, pelo que sei, desde as décadas de 60 e 70, mas, sem dúvida, a onda do pensamento positivo veio à tona de vez nos anos 80. Tendo como linha-mestra de sua proposta o alcance de objetivos através de uma atitude mental moldada pela oração ou mesmo pela repetição sistemática de determinadas palavras – enfatizando assim, não sem razão, o poder destas em nossas vidas –, alguns textos escritos e publicados naquela época tornaram-se verdadeiros clássicos e atingiram impressionantes índices de vendagem. Muitos continuam a surgir e a fazer sucesso. Hoje toda livraria que se preze tem uma sessão dedicada à chamada "auto-ajuda", termo que veio para englobar tudo o que de algum modo se encaixe nessa proposta.

Na verdade, e nisso a ideologia do pensamento positivo está alicerçada, há muitas passagens bíblicas que insinuam a importância de uma atitude mental correta, como se a mente fosse a terra fértil onde se planta o que no futuro se há de colher. Em Jó, por exemplo, temos *Aquilo que eu temia me aconteceu!*, e há ainda as famosas *Pedi e vos será dado! e Batei e abrir-se-vos-á!*, entre muitas outras...

Como não podeira deixar de ser, embarquei também nessa.

Comprei e li vários livros de "auto-ajuda" e elaborei várias frases buscando englobar nas mesmas tudo aquilo que eu acreditava estar por trás da questão da calvície em minha vida. Como se fossem mantras, ou como se eu fosse um papagaio, ficava repetindo aquelas frases o tempo todo, às vezes em voz alta, às vezes, baixa, às vezes, mentalmente, sempre acreditando, ou tentando acreditar, que aquilo traria meus cabelos de volta.

Mas é difícil decretar uma realidade quando se vê outra. E o espelho sempre foi implacável, assim como a visao dos fios em minhas mãos na hora do banho ou no pente, logo após.

De o novo o problema do imediatismo? Talvez. O fato é que por várias oportunidades comecei, depois abandonei e, feita alguma nova leitura, voltei a tentar aquilo. Talvez algum dos autores de todos aqueles livros me dissesse... "– O problema é que você tem que falar e acreditar! Sem fé não adianta!..." Pode ser... De qualquer forma, para mim falhou.

Não sou, devo dizer aqui, descrente dessa coisa de atitude mental e pensamento positivo. Concordo com muitas coisas que fazem parte de toda essa proposta ou atitude, e até já alcancei coisas importantes para mim na vida com a ajuda de um estado de espírito elevado de minha parte. Concluí, contudo, e gostaria de propor à reflexão de quem agora me lê, que há um detalhe fundamental por trás disso tudo. O pensamento positivo constrói? Sim! Conquista? Sim! A atitude mental correta opera milagres? Sim! É capaz de atingir qualquer objetivo? Sim, sem dúvida! Mas tudo tem de ser, ao menos em minha visão, espontâneo. Por crer que isso seja de suma importância, repito: *Tem de ser espontâneo!* Não pode ser autoimposto! Se você fica repetindo coisas em que você no fundo não acredita, ou, pior, vê no espelho que não correspondem à realidade, é mais provável que crie mais resistência e fique a elas mais vulnerável! Que se pense sobre isso...

Piadas

"Um homem era tão careca que tinha apenas três fios de cabelo. Um dia foi ao barbeiro para apará-los, e disse:

– Por favor, penteie dois para um lado e um para o outro!

Mas ao penteá-los, disse o barbeiro...

– Xi, doutor, um dos fios caiu!

– Não tem problema! Penteie então um para cada lado!

– Xi, doutor, caiu mais um!

O cliente então disse decidido...

– Faça o seguinte... Penteie tudo para trás!"

ou...

"O sujeito vivia tirando sarro de um novo colega de trabalho, que era totalmente careca. Este, por ser muito tímido, ficava na dele, mas se contorcia de raiva por dentro... Um dia, quando toda a turma estava reunida, o tirador de sarro dá um tapa na careca do pobre coitado e fala bem alto:

– Puxa, como tá lisa essa careca! Até parece a bunda da minha mulher!

E o careca, cheio daquilo, responde:

– É, tem razão! Parece mesmo!"

ou...

"Durante o jantar, Joãozinho conversa com mãe...

– Mãe, por que o papai é careca?

– Ora, filhinho... Porque seu pai é um homem muito inteligente, que tem muitas coisas para pensar... Por isso é que os cabelos dele caem...

– E por que você tem tanto cabelo?

– Cale a boca e tome a sopa, moleque!"

ou...

"Zezinho, ao ver seu tio completamente careca, perguntou:

– Tio, o que aconteceu com seu cabelo?

Desconsolado, o infeliz respondeu:

– Caiu!

E o moleque:

– E por que o senhor não catou?"

ou...

"Como reduzir a queda de cabelo no banho em até 50%?

R: Tomando banho de joelhos!"

ou...

"Quando um careca passa a mão no cabelo?

R: Quando o bolso da calça está furado!"

ou...

"Qual é o cúmulo da estupidez?

R: Dois carecas brigando por um pente!"

ou...

"Qual o melhor remédio para os cabelos não cairem quando se lava a cabeça?

R: É usar sabonete! Os cabelos não cairão, ficarão grudados no sabonete!"

Certamente o leitor há de conhecer piadas de careca melhores do que essas de que me lembrei ou que encontrei enquanto escrevo o presente texto. Elenquei-as aqui, entretanto, apenas para dar uma pequena mostra de quantas existem... O calvo, assim como muitas pessoas com certas características, costuma ser alvo de piadas e brincadeiras. "Careca", como dizem, "é ponto de referência!".

Acho importante abordar essa coisa das piadas para dizer aos calvos que não esquentem a cabeça com isso. O brasileiro é um povo muito gozador. Faz piada de tudo. No Brasil, mesmo a morte ou outras desgraças acabam virando motivo de piada.

Devolva na mesma moeda quando alguém fizer uma piada com você. É um modo de estimular a criatividade a agir com rapidez e de sair por cima na situação. Havia um cara na minha faculdade que tinha uma namorada, e correu um boato de que a garota havia "ficado" com outro sujeito. Um dia, o cara chegou para mim, na frente de toda a galera, e disse...

– E aí, "pouca-telha"? Tudo bem?

Respondi...

– Tudo bem, "chifrudo"! E você?

Até hoje tiram sarro dele pela minha resposta.

Também na faculdade, uma antipática me disse...

– Não sei porque você não faz um implante! Conheço um médico plástico que é muito bom nisso...

Como ela era gorda, com um bundão enorme, respondi...

– Pena que ele não seja bom em lipoaspiração... Poderia dar um jeito nessa tua bunda de mamute no cio!

1988

Everybody's got their dues in life to pay
(Todos têm suas dívidas a pagar nesta vida)
"Dream On" (Aerosmith)

Não sei bem qual é a origem desta história... Determinado sujeito não era lá muito ordeiro com as coisas em sua casa, ao passo que sua mulher, ao contrário, tinha mania de limpeza e arrumação, razão pela qual ela vivia às turras com ele, sempre reclamando e implicando. Era briga porque ele deixava isto fora do lugar, briga porque deixava aquilo sujo e por aí a coisa ia... Um dia, de tanto ela o encher com aquela coisa de arrumação, ele tomou uma decisão: trouxe um bode para dentro de casa! Isso mesmo, um bode, e para ficar exatamente na sala de estar! O bode fez tanta bagunça e sujeira na casa, mas tanta, que, quando, um mês depois, o sujeito finalmente levou o animal embora, sua esposa percebeu que anteriormente reclamava de barriga cheia e, a partir de então, nunca mais falou nada sobre o desleixo do marido.

Esta história ilustra com precisão o que aconteceu comigo em relação ao problema da calvície nos anos a que agora me reportarei...

Conforme mencionei na introdução desse livro, fui vítima de síndrome do pânico. A síndrome do pânico, sob certo aspecto, foi o bode que apareceu na minha sala para me mostrar que a desordem que anteriormente havia – a calvície – não era afinal tão caótica...

Costumamos utilizar a expressão "anos de chumbo" para nos referirmos à primeira metade da década de 70 na história do Brasil, fase mais "barra pesada" da ditadura militar que havia se iniciado em 1964 e que perduraria até 1985. Os sangrentos "anos de chumbo" foram aqueles nos quais mais houve perseguições, torturas, mortes e desaparecimento de pessoas em nosso país; tudo era censurado, proibido, vigiado e tinha-se que que tomar cuidado com tudo o que se falava ou escrevia... Tempos, enfim, que gostaríamos de esquecer, mas de que devemos sempre nos lembrar para que nunca se repitam.

Minha história particular de vida também teve os seus "anos de chumbo". De fato, quem leu meus livros sabe: os anos de 1988, 1989 e 1990 foram, em virtude da síndrome do pânico, os piores pelos quais passei desde que me dou por gente.

Apenas para dar, a quem não leu meus relatos a respeito, uma noção do que enfrentei, cheguei ao ponto de não ser capaz de sair sozinho de casa, nem que fosse para ir apenas até a esquina. Nas piores fases, tampouco conseguia ficar em casa, se sozinho estivesse. Abandonei o trabalho, afastei-me de meus amigos, deixei de me formar na faculdade que cursava e várias vezes cogitei o suicídio, tamanho o desespero a que aquela coisa me levou.

Contudo, curiosamente, e isso é algo de que eu não havia me dado conta quando escrevi sobre a síndrome do pânico, o problema teve o condão de deixar a calvície – até então o maior dos meus problemas – em um plano secundário. Com efeito, a vontade permanente de voltar a levar uma vida normal, o que a síndrome do pânico havia tornado impossível, fez com que as questões capilares ficassem então menos importantes do sempre haviam sido para mim. Nos piores momentos, eu teria aberto mão de todos os fios de cabelo que eu tinha se isso me possibilitasse ficar livre daquelas horríveis crises. Parece que às vezes temos que passar por alguma coisa realmente séria e dolorosa para entendermos uma coisa que sempre ouvimos os mais velhos repetirem: "O mais importante é a saúde! O resto se dá um jeito!" Creio que a vida de fato vai mais ou menos por aí.

Acrescente-se que aquela foi uma época em que, após uma certa estabilização que se havia anteriormente verificado, minha queda de cabelo novamente acentuou-se. É que a síndrome do pânico, ainda que de modo indireto, tem um custo físico razoável para o paciente. A angústia torna-se constante, o que demanda muita energia, o sono é prejudicado e há a tendência à perda de peso. Emagreci naquela época como jamais em minha vida. Sentia-me fraco, indisposto, e o cabelo, como é normal em já havendo a pré-disposição, acompanhava o meu estado geral, ou seja, caía.

É realmente curioso... Aqueles três anos, último período em que experimentei uma queda de cabelo que se poderia classificar como rápida ou acentuada, foram exatamente quando eu menos senti o problema, já que ele havia se tornado um segundo problema, muito menor do que o primeiro... Quando a síndrome do pânico foi ficando para trás, voltei a despertar para a questão da calvície, e agora eu já era mesmo um calvo, não mais um "meio-calvo"! Todavia, àquela altura, já se insinuava em mim uma maturidade que eu jamais havia experimentado. Passar por uma grande dificuldade ou adversidade e vencê-la é algo que nos faz mais fortes em todos os sentidos. Depois da experiência com a síndrome do pânico, eu jamais fui o mesmo. Foi uma surra que me ensinou demais. Lentamente, a partir daquela época, eu mudaria, e creio que para melhor, o meu modo de encarar tudo nesta vida, inclusive a minha calvície.

Fotos, espelhos e o problema do brilho

Mas ainda antes de entrar nas fases em que a maturidade que conquistei mudou decisivamente o meu modo de ver o problema da calvície, há outras coisas às quais gostaria de me referir sobre os tempos mais difíceis... Coisas que acredito acontecerem com muitos calvos, mas que, suponho, poucos falam a respeito. Tampouco eu jamais a ninguém as revelei antes de me lançar na idéia destas linhas. Repito, todavia, que não hesitei em revê-las agora, já que quero fazer deste um relato verdadeiro.

É estranho como às vezes fazemos coisas que nós próprios classificamos como ridículas, temos perfeita consciência disso e, ainda assim, insistimos nas mesmas. Pior ainda, provável e hipocritamente riríamos se víssemos o mesmo comportamento em outras pessoas. Vai entender o ser humano!

Conforme reportei, as fases iniciais da minha calvície, e imagino que isso seja também comum a todos os calvos, eram caracterizadas por longos momentos diante do espelho, ocasião em que era possível analisar a real situação com que a coisa ia evoluindo a cada dia... Pois bem, com o tempo, sendo o espelho cada vez mais cruel naquilo que mostrava, só restava para minha auto-estima abalada, uma saída : afastar-se daquele incômodo objeto. Novamente, e isso perdurou por um bom tempo, era aquela coisa do avestruz...

Imagino que alguns leitores, sobretudo os não calvos que porventura estejam lendo o presente texto, possam estar pasmos pelo que estou dizendo. Mas sim, é a verdade. A minha verdade. E como é bom dizer a verdade! Fui, de fato, aos poucos, afastando-me, temendo, fugindo, evitando, ignorando, na medida do possível, aquele incômodo quadro que costuma haver em quase todos os banheiros: o espelho. Se outrora eu fora uma criança acostumada a ouvir sobre a minha beleza, agora eu era um narciso às avessas, uma górgona, a própria medusa petrificada pela sua própria imagem...

Encontrei, neste verdadeiro cultivo do absurdo a que uma auto-estima degradada pode levar, um subterfúgio que veio a tornar-se extremamente útil naquel disfarce da realidade... É que sou míope. Uso óculos desde os 10 anos de idade. Logo percebi que minha calvície ficava menos visível para mim próprio se eu me olhasse no espelho sem os óculos. Dito e feito, assim agi por anos. Mesmo que fosse a um banheiro e estivesse com os óculos, se eu fosse me olhar no espelho os tirava, ou então o fazia por cima deles.

Uma cena ridícula – que várias vezes protagonizei – se dava quando eu ia ao barbeiro e vinha aquela hora, depois de feito o corte, em que o sujeito põe um espelho atrás da gente para que se possa ver como ficou a parte de trás da cabeça em um jogo com o espelho frontal... O barbeiro pegava o espelho e me entregava os óculos que eu havia tirado antes de me sentar... Eu, contudo, ficava com os óculos na mão, e "analisava" o corte (sempre aprovando), sem na realidade estar enxergando com nitidez.

Certa vez, um barbeiro, neste momento, me disse...

– O sr. não quer pôr os óculos para ver melhor?

– Não, – respondi – estes óculos são apenas para leitura...

Felizmente, esta foi uma fase já superada...

Outra coisa de que eu fugia era de fotografia. Detestava. É que foto tem sempre uma certa relatividade, quer dizer, algumas, por menos que se espere, saem boas, outras, por mais que se tente evitar, saem ruins... E para um calvo há sempre aquela dúvida... "Será que esta foto vai disfarçar ou realçar a minha calvície?"... Além disso, de uma foto não dá para se fugir como do espelho...

Imagine alguém te mostrando uma foto tua e você tentando evitar olhar!!!

Mais ainda, a foto é um registro que fica para sempre. Nunca se sabe quantas ou quais pessoas, e em que momentos, poderão vir a olhar determinada foto... Sei que isso também soa ridículo, mas assumo que nos meus tempos de calvo complexado e auto-rejeitado, tirar fotografias era um tormento para mim. Se há pessoas calvas que nunca tiveram esse problema, ou o do espelho, melhor para elas...

Acabei me dando conta de um problema que anda de mãos dadas com a calvície: ao que parece, a grande maioria dos carecas sofre de uma forte oleosidade no couro cabeludo, de onde os fios caíram ou estão caindo, o que costuma gerar aquele incômodo brilho. Daí, inclusive, é que vem aquela brincadeira de o careca ser um ponto de referência. Tanto na questão do espelho quanto na das fotos, e também em outras situações, além de exibir a careca, vê-la reluzir é algo extremamente incômodo para o calvo.

Mesmo hoje, ainda que já tenha aprendido a lidar melhor com o problema da calvície, não mais permitindo que abale minha auto-estima, conservo o hábito de lavar regularmente o alto da testa até a região das entradas. Faço-o principalmente quando está calor e sinto que estou suando. Quando vou a algum programa de televisão para falar de meus livros, sempre peço à pessoa encarregada da maquiagem que me passe um pouco de *pancake*, aquele pó que serve justamente para evitar o reflexo da luz sobre a pele.

Café P.

Certa vez encontrei um amigo, que eu não via nem tinha dele qualquer notícia, havia muito tempo. Felizes por nos reencontrarmos, já que sempre fôramos bons amigos, decidimos que seria uma boa idéia se marcássemos uma noite para lembrar os velhos tempos.

– E se nós combinássemos – eu lhe disse – na semana que vem?

– Eu acho ótimo! Por que não vamos ao Café P.?

– Café P.?

– Ah, vai dizer que você não conhece... Ou que nunca ouviu falar...?

Eu nunca havia ido ao Café P., mas sim, é claro que já havia ouvido falar. Não sabia exatamente como era, ou onde se localizava. Sabia apenas que era alguma coisa que tinha a ver com prostituição. Ignorava se se tratava de um bordel do tipo tradicional, ou se era um ambiente de alta ou de baixa categoria, se lá haveria shows eróticos, *strip-tease*, ou o que fosse. Só sabia que era um lugar famoso na noite.

– Fico dez anos sem te ver e na primeira oportunidade você sugere que a gente vá ao Café P.??? – disse eu ainda. – O que é que está acontecendo com você?

– Você já foi lá ou não?

– Não! E nem sei se quero ir... Não é o tipo de lugar que costumo freqüentar...

– Ah, deixa disso! Vamos lá! Só para você conhecer...!

Como fosse um diabinho soprando ao meu ouvido, o desgraçado me convenceu. "Tudo bem!" pensei... "Vamos ver como é que é esse tal Café P....!"

Na quinta-feira da semana seguinte lá estávamos nós. Conforme me fora então relatado, trata-se de um lugar, bar ou boate, extremamente requintado, de público bastante seleto (mesmo porque o alto preço da entrada já é propositalmente seletivo), onde homens, sobretudo aqueles que usam o valorizado título de "executivo", vão se encontrar com garotas de programa de alto nível, sendo, inclusive, muitas delas, universitárias e bem-nascidas. Como também vim a saber, o local é destinado apenas aos encontros. Não há quartos, nem nada assim...

Realmente havia garotas bastante atraentes naquele lugar. No caso de algumas, era até difícil acreditar, pela aparência elegante e discreta, que estivessem ali fazendo "aquilo". Não que eu tenha qualquer preconceito, mas é que, infelizmente, somos muitas vezes levados a cultivar imagens estereotipadas...

Mas é claro que não estou falando aqui de uma ida ao Café P. gratuitamente, ou apenas para falar sobre as mulheres que lá vi. O que importa sobre aquela noite é mais uma coisa que eventualmente soe ridículo para quem estiver nesta leitura, mas, enfim, aqui estou eu para dar a cara ao tapa...

Além das garotas, era impossível – até por uma curiosidade que costuma ficar desperta quando pisamos algum lugar diferente – deixar de observar os freqüentadores: na imensa maioria homens, com mais de 40 anos, muito bem vestidos, quase todos de terno e gravata, e, confirmando o que se costuma ouvir dizer, uma considerável quantidade de orientais. Mas, o que mais me chamou a atenção, é que havia também uma enorme quantidade, quase a metade dos que ali estavam, de... carecas!

"Mas que diabo...!" Pensei comigo mesmo... "Como será que isto se explica?"

Para uma auto-estima, ainda àquela altura, um tanto abalada como a minha, o raciocínio negativo infalível e auto-aplicável foi imediato:

1. Estes caras estão aqui porque são calvos e por isso não conseguem arranjar mulher!

2. Eu sou calvo!

3. (Conclusão) Meu destino é me tornar um freqüentador de lugares como esse!

Fiquei tão transtornado com aquilo que acho que nem consegui tomar direito o martini que eu havia pedido e relaxar ou conversar... Meu amigo deve ter percebido que eu estava meio estranho, mas certamente pensou que fosse por um eventual interesse em alguma daquelas garotas. Naturalmente, não comentei com ele sobre a questão da calvície e muito menos sobre aquele meu novo devaneio neurótico, ou certamente o faria duvidar da minha sanidade...

Hoje eu até rio de mim mesmo ao relembrar aquela passagem, mas (acreditem!) fiquei por muitos dias a pensar naquilo, remoendo uma vez mais o baixo valor que eu costumava dar a mim mesmo. Felizmente, conforme já adiantei, o tempo se encarregaria de mudar – para melhor – a minha visão sobre muitas coisas, a ponto de eu poder, como disse, rir da minha própria história.

Certa ocasião, já um bom tempo depois, fui com um grupo de amigos da faculdade na K., uma outra casa paulistana onde homens vão encontrar garotas de programa, esta sim com direito a *strip-tease*, show de sexo explícito e tudo mais, lugar ideal para uma molecada beber e cair na farra. Noutra, tive a oportunidade de ir conhecer o Café P. em seu novo endereço. Em ambas observei que os executivos de terno e os orientais continuavam lá, mas os calvos já não eram tantos. Havia sido uma coincidência.

1992

It's amazing, with a blink of an eye you finally see the light
(É impressionante, num piscar de olhos você finalmente vê a luz)
"*Amazing*" (Aerosmith)

"Saí da garagem dirigindo tranqüilamente. Em poucos minutos estava a uma distância de casa que até o dia anterior seria incapaz de percorrer sozinho. Os sintomas iniciais do pânico já podiam ser notados, mas não me importei. Apenas ri deles. Tudo acontecia por antecipação. A única precaução que tomei foi me munir de uma garrafa de água; a sede era terrível, mas a sensação de liberdade era maior. Era simplesmente incrível constatar que o médico tinha razão, que desde o começo estava certo: a única maneira de vencer o medo é não resistir a ele; eu comprovava isso agora. Foi o que o Dr. F. sempre me propôs e, de repente, eu estava entendendo. Se ficasse esperando que o medo subjetivo ou psicológico passasse, não passaria nunca, mesmo que tomasse uma caixa de remédio por dia. É preciso enfrentar aquilo que se teme para saber que o medo é infundado."

O texto acima é um trecho retirado de meu livro *Síndrome do Pânico*, mais precisamente do capítulo 8, intitulado *A Única Saída*. A passagem narrada se deu numa manhã de sábado, início do ano de 1992, após eu ter tido um sonho que fora extremamente significativo e que me deu um empurrão para a superação definitiva daquele problema. Naquela manhã dispus-me a fazer coisas que eu vinha tentando havia anos sem nenhum sucesso. Numa espécie de ímpeto, como se eu tivesse enfim compreendido muitas coisas que a vida queria me explicar, dei um passo extremamente importante, talvez o mais importante da minha vida. 1992 foi um ano de virada para mim e, ainda que naquele momento eu ainda não pudesse perceber, aquilo teria muito a ver também com a questão da calvície.

Eu praticamente estava voltando à realidade após um período em que estivera literalmente entrevado. Contudo eu era agora um outro homem. Utilizando a imagem criada por JK, os últimos 5 anos haviam valido por 50 em termos de amadurecimento e aprendizado sobre mim mesmo. E mundo à minha volta, havia, por conseqüência, também mudado. Heráclito estava certo... Já não havia o mesmo homem, nem o mesmo rio...

Como já disse, àquela altura, aos 27 anos, eu já não mais podia me dizer um "meio calvo". Sim, eu já era um homem calvo, ou, sem o eufemismo, um sujeito careca. As luzes que se insinuavam no final de um longo túnel que eu vinha atravessando mostravam coisas interessantes o bastante nesta vida para que eu algum dia voltasse a me preocupar tanto com minha falta de cabelo. Era aquela coisa do bode dentro da sala... Retirado o bicho, realmente se pode ver que bagunça não era tanta... Mais do que as cores do mundo, vemos as cores das lentes que pomos junto a nossos olhos.

Sincronicamente, outros fatos ocorreram naquela mesma época para que o destino concluísse as profundas mudanças que em mim operava de modo tão peculiar.

Considerando a questão da auto-estima, que, como tanto já falei, é aquilo que o calvo mais vê ser afetado dentro de si; e que as mulheres são inegavelmente um ponto de referência decisivo com respeito a isso, nada melhor, naquela época da minha vida, que um envolvimento que ajudasse mais rapidamente a cicatrizar tantas feridas psicológicas que já pareciam espontaneamente estar se fechando. E assim foi.

Eu a havia conhecido no ano de 1989, ou seja, cerca de três anos antes do momento a que agora me refiro. Conhecemo-nos na casa de amigos comuns. Loira, era dona de uma beleza simplesmente estonteante.

Todavia, ainda que fosse impossível não reparar na beleza da garota, nenhuma idéia a princípio me veio à mente, já que, primeiro, naquela época eu estava demais às voltas com síndrome do pânico para pensar ser possível ter algum relacionamento normal com alguém; segundo, conheci juntamente com ela seu namorado, um sujeito simpático, de quem cheguei até a ficar amigo. De qualquer modo, senti um entrosamento com a garota, até então apenas no terreno da amizade. Ela estudava psicologia e passamos a conversar freqüentemente ao telefone daquele dia em diante.

Ocorreu, contudo, que o namorado acabou ficando enciumado de nossa amizade. Passados alguns meses, os telefonemas, em virtude, creio, daquele problema, foram ficando esparsos, até que cessaram. "Paciência..." – pensei. – "Além de ser muito legal, ela é bonita demais... devo ser sincero e admitir que o cara até tem uma certa razão..."

Anos depois, já agora em 1992, eu mexia em uma gaveta quando dei com um papel com o nome e o telefone dela escritos. Eu nunca mais havia nem pensado nela. Mas não resisti e liguei.

– E aí? Quanto tempo, hein? Como é que você está?

– Estou bem! E você?

– Agora estou melhor... Aquela loucura de síndrome do pânico já é coisa do passado... E o seu namorado?

– Não estou mais com ele!

– Não diga...

– Legal você estar ligando... E aí? Vamos nos encontrar?

E assim a coisa foi indo... Para meu próprio espanto – ou seja, espanto de alguém que não estava a acostumado a fazer um bom juízo de si próprio – envolvemo-nos, e esta relação foi me fazendo ver que eu podia sim encontrar uma pessoa legal, e, ao mesmo tempo – já que este é um referencial tão importante nesta coisa de auto-estima, ao menos naquele momento –, muito, mas muito bonita. Realmente, aquela era uma mulher "de parar o trânsito"... Comecei a me dar conta de que eu podia o que julgava não poder, eu tinha o que julgava não ter, eu era, e sou, o que julgava não ser. Eu não precisava mais achar que eu era, pela minha falta de cabelo, uma pessoa indigna de ser amada, esta talvez a raiz de toda essa coisa de baixa auto-estima, não precisava mais sentir tanta falta de Renata, a minha vizinha lá de Santos, acreditando que jamais ninguém gostaria de mim como ela gostou.

É claro que eu sei, em que pese os famosos versos de Vinícius, que beleza não é tudo, mas, como eu disse, sincronicamente, a incrível beleza daquela garota com quem me envolvi naquele ano de 1992 teve, naquele contexto emocional em que eu me via, uma grande importância.

Não duramos muito tempo e o fato é que, desde então, jamais voltei a vê-la, excetuado um rápido encontro casual em um shopping-center. Foi, contudo, alguém também especial em minha história, que me ajudou muito naquele momento e de quem não me esquecerei.

Outras coisas importantes aconteceram naquele ano... Vários fatores conspiraram para que minha carreira de escritor aos poucos deslanchasse. Veio a possibilidade de trabalhar como co-autor de uma novela, *O Mapa da Mina*, ao lado de Cassiano Gabus Mendes. Veio a idéia de escrever sobre a síndrome do pânico, o que se concretizaria não muito depois. Veio também o retorno à faculdade, que eu havia abandonado em virtude da síndrome do pânico, para enfim me formar no curso de direito. Aquele era eu, animado e feliz, no ano de 1992... Um homem calvo, mas que já se sentia muito mais homem do que calvo!

Reflexões sobre a maturidade

Um dia eu estava absolutamente convencido de que já era um adulto. Sabia que queria ser um jogador de futebol. Este, definitivamente, seria o meu futuro. Sim, eu tinha limitações técnicas no esporte, e tampouco tinha o tipo físico ideal, mas isso não seria problema. Eu sabia que tinha nascido para a coisa. Continuar os estudos não valia a pena. Concluiria o ginásio, no máximo.

Mas o tempo foi passando e muita coisa acontecendo. Logo percebi o quanto eu era criança quando fazia aqueles planos...

Noutra época, eu novamente estava certo da minha maturidade. Estava aprendendo música, e eu tinha realmente jeito para a coisa. Não o esporte, mas a arte. Agora eu cabulava aula para tocar violão com os amigos e deixava o cabelo crescer. Logo teria uma guitarra.

O tempo continuou passando e não custou muito para que eu percebesse o quanto ainda era infantil.

Mais adiante eu, finalmente maduro, já sabia o que queria. A vida era sinônimo de rebeldia e atitude. Eu tinha já uma guitarra e sabia fazer músicas barulhentas e contestadoras, e vinha conquistando as pessoas com isso. Tinha muitos amigos. Era bebedeira todo sábado à noite, lança-perfume nas festinhas e maconha no cemitério. Sim, agora eu sabia tudo. Já tinha a "cabeça feita".

Mas não custou para que eu percebesse quanta criancice havia naquilo...

Mais para frente, eu enfim havia me tornado um homem. Nada de bobagens de adolescentes, que só pensam em festinhas, baderna e bebedeira. O negócio é conseguir mulher. É, eu sou um macho. Traço todas. Ou, pelo menos, muitas. Nada de cabelo comprido ou calças rasgadas. Isso é coisa de moleques babacas!

Logo vi o quão grande era ainda a minha imaturidade...

Um belo dia eu enfim me sentia pleno em minhas idéias. Sentia que possuía um grande potencial intelectual, a partir do qual eu tinha todas as condições para atingir uma boa posição profissional e proporcionar a mim mesmo uma vida doravante confortável. Medos? Isso passa... Vaidade? Bobagem... Agora eu tinha que ter os pés no chão. Já era um sujeito consciente de estar acima da média e visivelmente maduro, atingiria meus objetivos e seria um vencedor.

Tanta soberba e pretensa auto-confiança, tentava camuflar para mim mesmo as muitas angústias que eu tinha no peito – prova cabal de uma total infantilidade.

Um dia parei para pensar sinceramente na vida. Sem deixar de acreditar nas qualidades que vejo em mim, considerei com honestidade uma série de sentimentos absolutamente latentes. Meus medos, insegurança, minha vaidade, minhas ansiedades, meus preconceitos, meu egoísmo. Acima de tudo, minhas tantas contradições. Considerei tudo o que a vida já me havia ensinado e tudo o que eu havia relutado em aprender. E cheguei a uma inevitável conclusão: eu ainda era, e estava fadado a ser por muito tempo, apenas uma criança.

Finalmente, não custei a notar, eu havia começado a me tornar um adulto.

A vaidade masculina

Dois sujeitos conversam enquanto bebem em um bar. Um diz ao outro...

– Rapaz, fico impressionado com o tempo que a minha mulher gasta se arrumando, se tratando, passando creme... Isso sem falar quando ela vai para o cabeleireiro... É capaz de ficar horas enfiada naquele lugar...!

– Ah, mas mulher é assim... – opina o outro. – A vaidade acima de tudo. Não há sofrimento que assuste uma mulher se for capaz de torná-la mais bonita!

– É verdade! Taí! Você falou tudo!

– E você? Perde tempo com isso?

– Eu, hein? Sai dessa! O que é que a minha mulher ia pensar?

Somando minha auto-crítica a uma certa experiência que tenho em dramaturgia, através da qual desenvolvi muitos textos dando falas aos personagens, não creio que o diálogo acima esteja lá grande coisa. Penso, porém, e é provável que isso até passe despercebido em uma primeira leitura, que dá uma exata noção daquilo que agora quero abordar : a vaidade masculina!

Aprendemos desde pequenos, principalmente os da minha geração, ainda que de modo subliminar, que a vaidade é coisa de mulher. Mesmo que isso já tenha mudado muito nos últimos anos, o homem assumidamente vaidoso costuma, muitas vezes, receber a pecha de fresco ou efeminado, para não usar termos mais chulos...

Convencido estou, sempre por observar a mim próprio e as pessoas com quem convivo e intercambio experiências, que isso é uma grande pataquada. Arriscaria até a dizer que o homem, de um modo geral, é uma criatura muito mais vaidosa do que a mulher, tendo concebido, inclusive, em razão da própria vaidade, o mito de que para ele estas coisas seriam fúteis ou menores. Em outras palavras, na minha visão, e nisso, é óbvio, encaixo a mim próprio, o homem é tão vaidoso que sequer pode assumir, ou mesmo admitir, a sua vaidade. Fazê-lo seria um golpe nela própria.

Analisando, o que temos na realidade é que a mulher, muito em função do papel de sexo frágil que desde os primórdios o machismo do mundo lhe impôs, tem, e nisso está em vantagem, o direito à vaidade. Pretendendo ser o forte, o líder, o durão, o machão, o inteligente, o homem teve que abrir mão desse direito, ainda que ele, certamente, sempre tenha sentido enorme necessidade de o exercer. Como pessoas, tanto os homens quanto as mulheres costumam ser seres essencialmente vaidosos, mas apenas estas o podem assumir. A vaidade feminina costuma ser gritada aos quatro ventos... "Preciso me pintar...! Preciso ir à manicure...! Estou muito gorda...! Esta roupa está ótima...! Esta roupa está horrível...! Tenho que dar um jeito no meu cabelo...!"

A vaidade do homem, em regra, tem que ser silenciada.

É certo que, como disse, isso aos poucos vem mudando, sobretudo a partir das últimas décadas do século XX. Cada vez mais os homens estão freqüentando salões de beleza, fazendo dietas, ginástica com fins estéticos, procurando ter sempre o guarda-roupa da moda, usando cremes, loções, xampus e sabonetes hidratantes. Chegamos ao ponto de alguém como eu estar agora escrevendo um livro como este, um livro cujo espírito é compartilhar com os outros a vitória alcançada contra o enorme sofrimento causado pela calvície. Em última análise, uma história sobre a Vaidade...

Mas, ainda que acerca da calvície em particular minha visão hoje seja outra, devo dizer que sim, eu sou vaidoso! Sim, eu sou vaidoso ainda! Sim, eu sou vaidoso e muito! Noutras palavras, preocupo-me, ainda, sim, com a minha imagem e, mesmo que muito já tenha caminhado por estas constantes mudanças de idéias que enfim constituem isso que se chama vida, e que a calvície já não seja para mim o transtorno que um dia foi, sim, eu ainda, como humano, sou extremamente vaidoso, e quem não o for, homem ou mulher, que atire a primeira pedra!

Nenhum sentimento é necessariamente um problema, a menos que seja, por qualquer motivo, escondido ou dissimulado. Aquele que se envergonha de si mesmo emite uma aura que afasta o amor e o respeito das outras pessoas. Sejamos tudo, menos hipócritas!

Estamos todos, humanos que somos, neste mesmo barco. Aquele que finge saber nadar no mar lá fora, e que por isto mesmo não precisaria estar aqui a bordo, além de ter que lidar com a triste realidade de que é impossível mentir para si mesmo, sequer aproveita as inúmeras maravilhas que nós, os passageiros do barco, temos a desfrutar por este longo cruzeiro. E, se temos – e temos –, problemas, haverá decerto soluções no próximo porto.

1995

Living is easy with eyes closed
(É fácil viver com os olhos fechados)
"*Strawberry Fields Forever*" (The Beatles)

Era uma noite de sexta-feira, ou talvez já madrugada de sábado, outubro de 1995. Encontrava-me sozinho em casa. Ouvia música e pensava... Pensava em mim, pensava na vida, pensava em tudo. Pensava na minha calvície...

Fui até a cozinha. Em uma gaveta eu sabia que havia velas. Apanhei duas. Acendi-as e fixei-as em dois velhos pires. Apaguei todas as luzes do apartamento. Desliguei a música. Peguei uma cadeira e coloquei-a no banheiro, defronte ao espelho. Deixei as velas sobre a pia, uma à direita e outra à esquerda. Tirei os óculos e me sentei. Olhei fixamente para a minha imagem no espelho. Sem os óculos e àquela luz tênue e tremulante, lá estava eu, o meu rosto, a minha cara. Não sei bem como foi aquilo, mas senti que era hora de eu ter uma conversa séria com uma pessoa que sempre me foi muito especial: eu mesmo!

– Muito bem, Gugu! Aqui estamos nós! Só nós! Aqui estou eu! Só eu! Já é hora, já é mais do que hora de enfrentar certas coisas, colocar certas questões em pratos limpos, certos pingos em certos "is". Cheguei aos 30 anos e já deu para perceber que o tempo passa bem depressa. Não posso esperar que outros 30 passem num piscar de olhos enquanto fico assim, como um avestruz, com a cabeça no buraco, ou, pior ainda, como o famoso "cego que não quer ver", fugindo de minha própria imagem...

– Tudo bem, quem dera eu tivesse muito cabelo! Mas a vida é o que é, o mundo é o que é, eu sou o que sou! Não posso mais fugir de mim mesmo evitando olhar o espelho com os óculos.... Mesmo porque, a rigor, eu nem fujo. Não se pode correr de uma coisa que está amarrada em nosso corpo. Seria como um animal tentando fugir de algo preso ao seu rabo... Isso é uma grande loucura! Como é que eu posso querer ter o respeito e o amor das outras pessoas se eu me rejeito desta forma??? E não adianta fingir que não ligo! Sim, eu ligo, e muito! Para a calvície? Ou para essa coisa de ter a consideração de outras pessoas? De maneiras diferentes, para as duas, é óbvio! A vaidade, este tão humano sentimento que tanto está em mim, nada mais é do que a preocupação com a nossa imagem com relação aos outros. Qualquer outra definição, ainda que eventualmente tenha algum sentido, será um eufemismo (o nosso bom e velho eufemismo!).

– Pois então, em primeiro lugar, vou definitivamente assumir que eu me importo. Sim, é isso! Não há sentido no contrário! O importante é a verdade! Esconder a verdade não faz sentido, principalmente (tentar) escondê-la de mim próprio! Aprendi isso com a síndrome do pânico. Para isso, ao menos, ela serviu, e muito! Se é importante assumir que a calvície incomoda em função da vaidade, muito mais será, é lógico, assumir a própria vaidade!

– É... Acho que estou chegando a alguma coisa... Se eu minto por medo de ser rejeitado, eu, no fundo, evito a rejeição deixando de ser eu mesmo... Portanto, isso é também uma rejeição, e ainda maior, já que afinal não sou eu o aceito, mas apenas um personagem que estou representando... Mais ainda, já sou eu que não aceito a mim mesmo... Então a mentira é sempre uma auto-aniquilação... Então podemos dizer que a mentira é um suicídio! Acho que é isso... Calar é deixar de viver! Mentir é se suicidar!

– Sim... Creio que isso está mesmo indo bem... Mas mentir para os outros acerca da importância que eu dou para o problema da calvície é uma coisa, mentir para mim mesmo, evitando o espelho, é outra, ainda mais grave... E mentir para mim mesmo, a rigor, é apenas mais um eufemismo... Ninguém mente para si mesmo... É um contrasenso... É ilógico... É impossível... Sim, eu fujo do espelho, mas o tempo todo eu sei o que está lá... Então, que porra, por que não olhar? Se "minto para mim mesmo" faço mais do que me suicidar, eu assumo que a vida é impossível para mim e que meu destino é apenas sonhar que estou vivo! Tanto quanto o suicídio, isso é decerto extremamente nefasto...

Continuo fitando-me no espelho à luz das velas. Agora ponho os óculos.

– Gugu, agora vamos responder a algumas perguntas... É ruim ser careca?

– Sim, é muito ruim!

– Tudo bem, mas há coisas piores na vida?

– É óbvio que sim! A própria síndrome do pânico fez-me, na época em que com ela estive às voltas, ver a calvície como um problema secundário...

– Mesmo deixando essas coisas de doença de lado e pensando apenas em questões estéticas... Há coisas piores que a calvície, não há?

– Com certeza! É só abrir os olhos à volta e reparar... Há pessoas com sérias dificuldades relativas à obesidade, pessoas com terríveis problemas de pele, homens que sofrem por terem a estatura muito baixa, ou por terem os dentes estragados, e por aí vai...

– E ainda assim você acha que a sua calvície é motivo para tanta infelicidade...?

– Pois é... Parece que o nosso problema é sempre o pior de todos...

– A inteligência serve para que às vezes possamos parar e pensar... Agora diga, como vai a sua vida ultimamente?

– Acabo de lançar um livro falando de minha experiência com a síndrome do pânico... Tem sido um sucesso. O lançamento foi a menos de três meses e já vai sair a segunda edição. Aos poucos, minha carreira de escritor, um antigo sonho meu, parece estar deslanchando! Além disso, no fim deste ano termino a faculdade, que retomei após havê-la abandonado.

– E ainda assim a calvície incomoda tanto?

– É... Sabe como é...

– Tudo bem... Pelo menos você está dizendo a verdade... Agora vamos às mulheres...

– Às vezes parece que as mulheres são a causa de tudo... A vaidade... Sempre, outra vez, a vaidade... E as mulheres... Sempre, e outra vez, as mulheres...

– Você já parou para pensar qual é a porcentagem das mulheres de quem você já esteve a fim desde que o problema da calvície começou com as quais você conseguiu alguma coisa?

– Não, acho que não...

– Pois então pense...

– Creio que por volta de 40% a 50%...

– E o que lhe parece isso?

– É... Até que não está mau...

– Você conhece muitos caras que têm tido mais sorte neste aspecto?

– Não! Um ou outro, talvez...

– Agora, com respeito a esses relacionamentos... Você sentiu que algum deles tivesse chegado ao fim por algum motivo referente à sua calvície?

– Não!

– Por outro lado, você certamente conhece caras cabeludos que não dão sorte com a mulherada... Ou conhece algum sujeito com muito cabelo que já tenha sofrido demais por uma mulher?

– Conheço vários!

– Então será que não é mais lógico notar que as duas coisas afinal não têm qualquer relação?

– É... Parece que sim!

– Agora vejamos por outro lado... Você tem algum tipo de mulher de sua preferência?

– É, tenho! Mas não de modo taxativo...

– Mas há algum ou alguns tipos de mulheres com as quais você certamente não ficaria, por, a princípio, não terem nada a ver com você?

– Sim, há.

– Então não é justo e razoável aceitar que talvez haja algumas mulheres para as quais você não é o tipo de homem que as possa atrair?

– Com certeza!

– Você se lembra daquela vez em que você conversava com um colega seu de baixa estatura e o assunto era duas garotas da classe que eram muito bonitas?

– Sim.

– O que foi que aquele seu colega baixinho lhe disse?

– Ele disse... "Você ao menos pode sonhar com elas... Eu, com esta altura, não tenho nenhuma chance..."

– E o que se conclui?

– Que, para ele, apesar de eu ter talvez até invejado os seus cabelos, a minha calvície não parecia ser problema algum, ou, ao menos, que ele acreditava que o seu problema de estatura era muito mais grave, a ponto de ele sequer poder sonhar com aquelas garotas, já que elas eram, lembro-me, mais altas do que ele.

– É... Parece que a grama do vizinho é mesmo sempre mais verde...

– Sem dúvida!

– Agora vejamos... Você adoraria ter bastante cabelo?

– Sim!

– Mas você não abriria mão de suas idéias e princípios em troca disso?

– Não!

– Abriria mão de suas amizades, de seu passado, das coisas que você já fez, como, por exemplo, o livro sobre a síndrome do pânico?

– Não!

– Abriria mão, já que falei no livro, de sua vocação para escrever e fazer música?

– Não!

– Gugu, pense muito e responda... Você gostaria de ser alguma outra pessoa, qualquer que fosse, para deixar de ser você? Pode até pensar em alguém muito importante, rico, famoso, poderoso, qualquer pessoa, de qualquer lugar do mundo...

Pensei bastante.

– Absolutamente não!

– Então será que não é hora de deixar dessa besteira e olhar bem para a sua cara? Ou será que tudo o que foi "dito" já não é o bastante?

Acendi as luzes do banheiro.

– Então? Que tal?

– É... Preferia um pouco mais de cabelo... Mas até que não está tão mau...

– Havia motivo para agir daquela forma?

– É... Creio que não...

– Gugu... Diga a verdade!

– Sim, havia motivo: o meu medo, misturado à minha vaidade, ambos desaguando em uma tremenda hipocrisia, uma hipocrisia minha com relação a mim mesmo. Aquela coisa do avestruz...

– Mas agora, feitas todas estas considerações, como é que você se sente com relação a si mesmo?

– É, acho que eu me amo! Eu me amo demais! A calvície é uma coisa que incomoda sim, mas é muito pouco para perturbar este sentimento que tenho por mim, e no qual, até hoje, por incrível que possa parecer, eu não havia parado para pensar. Eu me amo sim e, reparando bem à minha volta, olhando para frente e para trás, creio que tenho muitos motivos para que seja assim...

– Então, prometa, Gugu, que nunca mais você vai fugir de sua própria imagem, ou de qualquer outra verdade, por mais dura que seja, relativa à sua pessoa!

– Eu prometo! De hoje em diante, vou estar sempre comigo!

Perucas, chapéus e cia. ltda.

Ao se falar em coisas que servem para, de alguma maneira, disfarçar o problema da calvície, a primeira coisa que nos vem à cabeça é a peruca. Antiga, a peruca já foi não apenas moda mas verdadeiro requisito, tanto para homens quanto para mulheres, alguns séculos atrás. Hoje, século XXI, a peruca tornou-se, ao menos para os homens, objeto simbolizador daquele que não aceita a sua calvície e tenta, ingênua e desesperadamente, disfarçá-la.

Digo, devo explicar, que esta é uma tentativa ingênua porque, ao menos em meu modo de ver, configura um caso típico de quando a emenda sempre sai pior do que o soneto. Aliás, creio que aqui devo ser curto e grosso: que me desculpem os que eu eventualmente atinja com estas palavras, mas para mim um homem de peruca torna-se uma figura absolutamente ridícula! Mil vezes a calvície à peruca! Mil vezes o apelido de "careca" do que o de "peruqueiro" ou "peruquento"!

É que a peruca tem um problema sério... Ela nunca tem a naturalidade dos cabelos que são da própria pessoa, dandolhe um aspecto artificial para mim insuportável. Às vezes, quando topo com alguma figura com uma coisa dessas em cima da cabeça (aliás, os homens com mais de 50 anos costumam ser mais adeptos do que os calvos mais jovens...), fico a me perguntar... "Será que este cara pensa que isso se parece mesmo com cabelo?"

Se um dia alguém me vir de peruca, podem me internar...!

Tanto quanto acontece com a peruca, outro artifício que costuma arrancar das pessoas em geral, inclusive dos calvos como eu, risadas que às vezes chegam às lágrimas, são os mirabolantes "penteados" que alguns homens fazem, puxando o que resta dos fios para cobrir regiões calvas. Normalmente puxa-se das partes traseira e lateral, os chamados pára-lamas, para as partes superior e frontal, onde a calvície normalmente se instala. Com as mesmas devidas desculpas aos eventualmente envolvidos, repito o que disse sobre perucas: a coisa é – talvez ainda mais – ridícula! Outro dia tomei o metrô e vi um sujeito desses... Aparentava lá seus 60 anos... O cara puxava o cabelo da parte de trás da cabeça, que deixava crecer bastante e, com auxilio de um fixador, o fazia ir dando voltas pela cabeça. O resultado era simplesmente surrealista! Lamentei não ter um uma câmera para documentar a existência daquela criatura. Fiquei, ademais, imaginando a situação do cara se algum vento mais forte derrubasse aquela escultura...

Há ainda os tais entrelaçamentos, procedimentos que misturam as duas coisas acima citadas, enxertando pedaços de peruca que ficam presos, às vezes mesmo com grampos (nem sempre bem escondidos), no cabelo que o camarada ainda tem. Além do péssimo resultado, esse expediente tem o condão de detonar os cabelos naturais restantes. Se um dia eu entrar nesta, repito, podem me internar! E num hospício!

Outro recurso que aqui merece menção é o uso contínuo do chapéu (diz uma outra anedota: "qual é o chá que cura a calvície? R: É o cha-péu!"). Na verdade, estando o chapéu, outrora peça obrigatória no guarda-roupa de um homem, em total desuso, salvo nos ambientes de estilo "country", a coisa hoje vai mais para o lado do boné. De fato, muitos calvos usam constantemente o boné em suas cabeças como forma de disfarçar a calvície. Este, ao menos, é um expediente que não expõe o sujeito ao ridículo. É normal, e muitas vezes até jovial, usar boné. Entre os anos de 1998 e 2000 fui vocalista de uma banda chamada Estado-Maior, e costumava usar boné quando nos apresentávamos... Fazê-lo naquelas oportunidades era algo que eu achava legal.

Mas o uso do boné (ou chapéu, ou boina, etc) como disfarce para a calvície tem, no mínimo, três inconvenientes... O primeiro é que às vezes o calor na cabeça (assim como provavelmente ocorre com a turma da peruca) se torna insuportável, sobretudo nos dias de verão. O segundo é que, pelo que dizem os médicos, e isto é até algo óbvio de se supor, ficar com a cabeça "tampada" o tempo todo certamente faz mal para os cabelos que restam, acelerando a sua queda. E o terceiro é que sempre ocorrem situações em que se é forçado a tirar o boné. O resultado, nesta terceira hipótese, dependendo da situação, pode ser catastrófico... Ouvi falar da história de um sujeito que marcou um encontro com uma garota que conheceu pela internet. Ele omitiu dela a sua calvície, o que, mesmo considerando, como vimos, que há muitas mulheres para quem isso é indiferente, convenhamos, não é uma boa. O encontro deu-se em um restaurante bastante chique e o sujeito estava de boné. Logo após eles haverem se sentado, o maitre dirigiu-se ao sujeito e lhe solicitou que tirasse o boné, pois que ali não era permitido o seu uso. Extremamente contrariado, ele teve de se desfazer daquele seu esconderijo móvel. O resultado foi simplesmente terrível. Assim que a moça viu que o cara tinha, e lhe havia omitido, uma avantajada calva, ela pediu licença para ir ao banheiro e até hoje não voltou para a mesa.

Algo que vem se desenvolvendo velozmente desde as últimas duas décadas é o implante capilar. Aqui já estamos falando de procedimentos sérios, bem diferentes daquelas coisas como o entrelaçamento. A técnica do implante consiste, basicamente, em retirar cabelo de uma parte da cabeça do paciente, normalmente os famosos pára-lamas, e implantá-lo nas áreas calvas. Sendo o cabelo do próprio paciente, elimina-se o problema da rejeição, que provavelmente ocorreria se o cabelo fosse alheio. Há hoje, também, cabelo sintético que pode ser utilizado em alguns tipos de implantes. Essa técnica tem, inclusive, o condão de fazer com que o cabelo implantado jamais venha a cair.

Particularmente, ainda que às vezes sinta-me atraído pela coisa, inclino-me a vê-la com uma certa cautela, e o faço por um simples motivo... De fato, às vezes vemos homens implantados com ótimos resultados estéticos. Noutras, contudo, e, por sinal, infelizmente, a maioria, o implante resulta num aspecto extremamente artificial, aquela coisa de parecer "cabelo de boneca", casos em que, sem dúvida, novamente, a emenda sai muito pior do que o soneto.

Assusta-me, inclusive, que muitas vezes observamos esses implantes desastrados em homens de alto poder aquisitivo, o que faz supor que procuraram os melhores profissionais.

Antigamente os implantes eram feitos aos "tufos". Hoje tende-se mais ao implante fio a fio, o que, diz-se, diminui o risco da artificialidade no resultado. Mesmo assim, ainda tenho visto muitos implantados arrependidos, razão porque, ainda que, como disse, às vezes me sinta atraído pela idéia. Se penso na eventualidade de algum dia fazer um implante capilar, será apenas quando a coisa estiver muito mais desenvolvida do que hoje.

Provavelmente algum profissional da medicina estética que venha a ler essas linhas poderá levantar a voz contra o que estou dizendo, garantindo que não é bem assim, que as técnicas já estão bastante avançadas, etc... Digo, entretanto, apenas o que tenho observado à minha volta, e convido o leitor a fazer o mesmo e a tirar suas próprias conclusões.

Cabe, por fim, neste tópico, mencionar uma outra novidade da última década que é o surgimento de algumas drogas que se mostraram de alguma eficácia no combate à calvície. Não se trata dos clássicos tônicos capilares, praticamente inócuos, mas de remédios tomados por via oral, ainda que alguns se associem à aplicação de líquidos sobre o couro cabeludo. Algumas dessas drogas foi desenvolvida para outras finalidades médicas e descobriu-se por acaso essa sua utilidade. Com efeito, alguns desses medicamento têm se mostrado eficazes na diminuição da queda de cabelos e, às vezes, em fazer com que novos fios venham a nascer, sobretudo se o paciente é jovem e começa a lançar mão do tratamento nas primeiras fases do problema.

Mas milagre, infelizmente, não há. Estas drogas são praticamente inúteis para os casos em que a calvície já se encontra em estágios mais avançados.

Registre-se, ainda, dois consideráveis inconvenientes no que se refere a esses remédios... Em primeiro lugar, o paciente volta à situação anterior se suspender o uso, o que significa que o medicamento teria que ser tomado pelo resto da vida para manter o benefício trazido aos cabelos; em segundo lugar, há muitos casos de efeitos colaterias indesejáveis, tendo sido, inclusive, várias vezes relatada uma sensível diminuição da atividade sexual (sem dúvida, possibilidade nem um pouco atraente para a grande maioria homens). Eu, por exemplo, não creio que uma eventual melhora, ainda que significativa, na minha calvície valha esse tipo de risco.

Considere-se, entretanto, que, na velocidade em que a ciência avança, é extremamente provável que novas drogas, mais eficientes e menos prejudiciais, surjam neste campo, mesmo porque, em virtude de seu potencial econômico, a ciência da estética é uma das que mais investe em várias formas de pesquisas. Quando acontecer, eu certamente estarei nesta.

Auto-retrato

Entre os anos de 1998 e 2000, fui, como já mencionei, vocalista da banda Estado Maior (o baterista, Pedro Paulo, era o cara que já conhecia *Tem Piranha no Bidê*). A maioria das músicas que tocávamos eram de minha autoria. Uma delas, *Auto-retrato*, escrita em 98, fala justamente de coisas que eu já vinha pensando desde então acerca da necessidade que temos em algum momento de nossas vidas de enfim nos livrarmos de nossas máscaras e assumirmos tudo o que realmente somos.

Eu sou vaidoso
E narcisista
Sou mentiroso
E egoísta
Sou recalcado
Dissimulado
Tenho meu preço
Eu não sou o que pareço

Os meus defeitos
Os meus macetes
Meus preconceitos

E cacoetes
Eu sou medroso
Insidioso
Estou um caco
Eu de perto sou um fraco

Eu sou um homem como todos os homens que há
(Eu sou normal, eu sou igual, eu sou o trivial)
Eu sou um homem como todos os homens que eu sei
Já errei, levantei
Eu sou como os que há

Futilidade
Hipocrisia
Mediocridade
Monotonia
Eis o que eu sinto
Por isso eu minto
Eu já nem nego
Eu não fujo e nem me entrego

Mas só por hoje
Apenas hoje
Eu juro e quero
Serei sincero
Eu sou carente
É isso, gente
Eis a verdade
Eis aqui minha verdade

Eu sou um homem como todos os homens que há
(Eu sou normal, eu sou igual, eu sou o trivial)
Eu sou um homem como todos os homens que eu sei
Já errei, levantei
Eu sou como os que há

Costumávamos abrir nossas apresentações com essa música, e era extremamente curioso observar a reação das pessoas aos primeiros versos... *Eu sou vaidoso... E narcisista... Sou mentiroso... E egoísta...* Parecia que todos ficavam surpresos ao me ouvirem dizer aquilo, mas, ao mesmo tempo, totalmente identificados. Estes somos nós!

1999/2000

Ontem à noite eu conheci uma guria
Já era tarde, era quase dia
"Piano Bar" (Engenheiros do Hawaii)

Palace, famosa casa de espetáculos paulistana. 1999. Show dos *Engenheiros do Hawaii*, minha banda favorita...

Eu havia ido sozinho. Para não ter que esquentar a cabeça com estacionamento ou "guardadores de carro", fora de ônibus. Voltaria de táxi. Cheguei cerca de uma hora antes do show começar. O Palace já ia ficando cheio com a moçada bonita que costuma ir nas apresentações dos Engenheiros. Muitos dos fãs, não sei se gaúchos como a banda ou não, costumam vestir a camisa do Grêmio, dando às vezes a impressão de se estar em Porto Alegre.

Como é hábito para quem costuma assitir a shows na pista, sentei-me ao chão. É certo que quando o show começa, todos se levantam, mas se você não se garante inicialmente, acaba ficando muito para trás, longe do palco.

Havia então uma hora para ser gasta de alguma forma. Foi quando uma garota sentou-se ao meu lado. Era bonita, aparentava 16 ou 17 anos. Notei que estava sozinha, às vezes parecendo até um pouco deslocada. Puxei conversa...

– Oi!

– Oi!

– É a primeira vez que você vem ao show dos Engenheiros?

– É!

– Ah... Acho que vai gostar... Há anos que eu não perco um show deles quando eles vêm a São Paulo...

– Estou curiosa para saber se eles vão tocar as músicas mais conhecidas...

– Ah... Pode ficar tranqüila... Eles sempre tocam...

Ela era muito simpática. Disse-me que tinha dois cds dos Engenheiros e que já gostava muito. Eu lhe disse que tinha todos. A conversa fluía bem. Falei-lhe muitas coisas que eu pensava sobre várias letras e músicas, e ela se interessou bastante. (Com o tempo, adianto-me, ela se tornaria uma tiete da banda como eu.)

– Qual é o seu nome?

– Mariana! E o seu?

– Luiz Augusto! Mas todos me chamam de Gugu!

Assistimos juntos ao show. Se eles tocavam alguma música que ela não conhecia, eu lhe dizia qual era e a que álbum pertencia. Em alguns momentos eu a carregava pelas axilas para que ela pudesse ver melhor o palco. Foi muito legal.

Tratava-se de uma menina linda, simpática e cativante, dona de um sorriso maravilhoso. Estava, como vim a saber, a pouco de completar 17 anos.

Sim, eu sei, já estou novamente falando sobre mulheres... Mas, é como já disse, mulheres sempre têm tudo a ver com a tríade calvície/auto-estima/auto-confiança. Elas são sempre um referencial importantíssimo dentro de todo este processo... A não ser para caras que não gostem de mulher...

Voltando àquela noite, desgraçadamente, apesar de haver assistido quase que o show inteiro ao lado dela, eu a perdi na confusão do término. Fiquei por um bom tempo a procurá-la à medida que o lugar ia se esvaziando, mas sem qualquer sucesso. Apesar de tê-la encontrado sozinha, ela me disse que estava com uma irmã, e também uma amiga, com quem deveria se encontrar depois. Decerto isso se deu e ela se fora. Apesar de o show ter sido, inclusive por ela, maravilhoso, experimentei uma sensação ruim. Provavelmente, pensei comigo, jamais voltaria a vê-la...

O tempo passou, semanas, meses, um ano, e, como não poderia deixar de ser, só restaram daquela noite um rosto e um nome arquivados em minha memória. Não cheguei a compartilhar com ninguém aquela história, mesmo porque nada demais tinha acontecido entre nós.

Quase um ano e meio havia se passado quando os Engenheiros voltaram ao Palace. Era já o ano 2000. Desta vez não fui sozinho. Estávamos um dos guitarristas do Estado Maior, seu irmão, um outro amigo nosso e eu.

Por mais que eu conscientemente quisesse evitar, flagrei-me a procurar a garota em todos os rostos que havia ali. Já na fila da bilheteria vi-me a fazê-lo. Eu sabia que era loucura, mas não conseguia evitar. Em primeiro lugar, o Palace é enorme, e desta vez estava até mais cheio que da outra, e, em segundo, nada poderia garantir que ela realmente lá estivesse, mesmo porque tinha havido outro show na véspera, e ela podia até ter ido naquele e não vindo neste... Ela podia estar viajando, talvez nem estivesse no Brasil... Podia estar sem dinheiro para vir ao show, ou talvez nem estivesse viva... Num minuto eu dizia para mim mesmo... "Pare! Esqueça isto, ou você nem vai aproveitar o show!"... Mas no outro lá estava eu de novo a olhar por todos os lados, tentando encontrar entre aqueles milhares de rostos um que, àquela altura, eu já nem tinha a convicção de me lembrar com exatidão.

Mas ainda não seria daquela vez que minha intuição me decepcionaria... Estávamos em pé a uns quinze metros do palco. Devia faltar uns vinte minutos para que o show começasse. Como disse, o Palace estava mais cheio do que naquela noite no ano anterior e dessa vez não houve aquela coisa de sentar no chão. De repente, uma turminha com umas seis ou sete pessoas passou por nós. Uma das garotas andava meio que dançando ao som de uma música ambiente que tocava nos auto-falantes antes do show começar. Eu mal pude acreditar... Sim, era ela!

Mesmo que eu soubesse que dificilmente estaria enganado, alguns pensamentos negativos me assaltaram... Será mesmo ela? E se não for? E se for e ela nem se lembrar de mim?

A turminha ficou a uns dez metros de nós. Hesitei por um instante, mas logo percebi que se não fosse falar com ela naquele momento, talvez jamais tivesse outra oportunidade, e decerto não me perdoaria por isso. Pedi licença aos caras e fui me aproximando do local onde ela estava. Era difícil andar. Estava muito cheio e havia muito empurra-empurra por ali.

Conforme eu me aproximava, percebi que ela também já estava olhando. Finalmente cheguei a um metro dela e, ainda por sobre o ombro de outra pessoa, perguntei...

– Você não é a Mariana?

Mal pude acreditar quando a vi abrir um franco sorriso e dizer...

– Gugu!!!

Abraçamo-nos fortemente. Senti uma indescritível cumplicidade naquilo. Era como se, apesar de tudo haver se resumido àquele show em 99, fossemos velhos amigos...

– Senti tanta vontade de conversar com você... – ela disse – Mas não sabia como te encontrar... Cheguei a te procurar no *site* dos Engenheiros... Cheguei a mandar *e-mails*... "Alguém aí conhece o Gugu?"

A confusão era grande. O show estava para começar.

– Então faz o seguinte... – disse eu – Me dá o seu telefone e amanhã eu te ligo... Não vamos nos perder outra vez!

Memorizei o número como se eu fosse um prisioneiro e aquela uma senha para a liberdade. Felizmente, contudo, livrei-me do medo de esquecê-lo à medida em que um dos meus amigos tinha uma caneta, o que permitiu-me anotá-lo no ingresso do show. Cerca de quinze horas depois, ou seja, na tarde do dia seguinte, eu já o digitava ao telefone...

Passamos a nos ver e a conversar freqüentemente. Foi louco e belo. Apesar da diferença de idade, eu agora com 35 e ela a pouco de completar 18, tínhamos muitos assuntos de interesse comum, bem como opiniões semelhantes sobre muitas coisas. Repise-se que ela era linda. Era, não. É.

Todavia, e aqui é que tudo isso começa a ter a ver com o presente trabalho, a coisa não aconteceu como eu passei a desejar. Sim (não me importo de falar, sobretudo por ser este, como já várias vezes disse, um momento em que tenho que ser absolutamente sincero), fiquei a fim da garota. Ela, contudo, talvez um pouco assustada pela nossa diferença de idade, ou talvez não, não me correspondeu além da amizade, e a coisa acabou não "rolando". Felizmente, como sempre desde aquele segundo show, conversamos bastante sobre tudo, e nossa amizade continua firme e intacta...

Mas o interessante, e é este também o porquê de eu ter contado toda esta história, eu vim a perceber numa segunda-feira, dois dias após o sábado em que havia ficado claro para mim que a coisa não ia acontecer. (De fato, eu fiquei bastante chateado naquela noite e também durante todo o domingo, tendo ficado a ouvir os Engenheiros e a pensar nela... Porra, eu estava a fim e não aconteceu!)

Então, foi só na segunda-feira que uma coisa muito louca me veio à cabeça : durante todo o tempo em que tive contato com ela, vindo a me sentir apaixonado, jamais me incomodou qualquer preocupação acerca do problema da calvície! Cara, que loucura...! No ano de 94, quando eu havia voltado para a faculdade após havê-la abandonado anos antes por causa da síndrome do pânico, eu tinha ainda a preocupação de ser discriminado pelas garotas mais novas em virtude da calvície. Agora, com a Mariana, que era ainda muito mais nova, isso nem me havia passado pela cabeça, tanto antes quanto depois; ou seja, mesmo quando ela me disse que não queria o que eu queria, eu nem cogitei que a calvície pudesse ter alguma coisa a ver com isso! Que ironia! Tive que levar um fora para perceber o quanto eu havia crescido com relação a algo que me havia incomodado por anos! Sei que é louco dizer isso, mas nunca um fora me havia feito tão bem! Estive a ponto de ligar para ela naquela segunda-feira e dizer... "Mariana, obrigado por você não me amar!"

Tempos mais tarde contei-lhe tudo isso. Ela achou o maior barato...!

Renata

Ainda que este meu relato já tenha chegado ao ano 2000, peço licença para voltar ao ano de 98. Sim, novamente vou falar sobre mulher. Lembram-se da Renata? Sim, a Renata, minha primeira namorada, aquela de quando eu tinha sete anos...

Não sei até que ponto isso deveria ter sido trabalhado com algum analista, mas o fato é que, de um certo modo, eu jamais havia me esquecido dela... Nos tempos em que o meu complexo de inferioridade causado pela calvície precoce mais me abalava, eu costumava, como já disse, pensar... "Ninguém nunca mais vai gostar de mim como a Renata gostava..."

Os anos foram se passando e eu sempre cultivei a vontade de voltar a encontrá-la. Não imaginava, entretanto, que algum dia o faria. A última vez que a havia visto foi quando da morte de meu pai, em 1974 (24 anos!). Lembro-me de, algum tempo depois, minha mãe haver comentado que ela e sua família não estavam mais em Santos. Haviam se mudado para uma cidade do interior que eu já nem sabia qual, o que, obviamente, tornaria muito menos provável um eventual reencontro.

Mas, se eu poucas vezes ia a Santos, naquele ano de 98 o fiz, por razões profissionais, sistematicamente, e não raro passava em frente ao prédio na Ponta da Praia onde havíamos morado, o que, é claro, incitava todas aquelas memórias que eu tinha... Foi numa dessas oportunidades que tomei a decisão... "Quer saber? Vou tentar decobrir onde ela está e procurá-la!"

Pouparei os leitores do verdadeiro trabalho de detetive que realizei. Foram inúmeros telefonemas antecedidos de verdadeiras pesquisas em listas telefônicas. Descobri um sujeito naquele mesmo prédio onde havíamos morado que lá residia havia mais de trinta anos, e que até se lembrava do meu pai...

– Você precisa vir tomar um café aqui comigo! – disse-me ele quase emocionado...

Enfim, após um bom trabalho, eu a descobri. De fato, em uma cidade do interior de São Paulo. Facilitou bastante o fato de ela possuir uma linha telefônica em seu nome.

– Alô!

– Quem fala?

– Você quer falar com quem?

– Com a Renata, por favor!

– Sou eu! Quem está falando?

Tremi ao ouvir a confirmação, principalmente porque na verdade eu perguntei por ela dizendo inclusive o sobrenome... não havia qualquer dúvida, era ela mesma!

– Você é a Renata que morou em Santos, na época tal, no edifício tal?

– Sim, sou! Mas quem está falando?

Ela já ia ficando ansiosa...

– Você se lembra de um garoto que morava no andar embaixo do seu, o Gugu?

– É claro que me lembro!

– Pois você está falando com ele!

Houve uma pausa... Decerto ela estava assimilando o que acabara de ouvir...

– Não acredito!!!

– Quer saber? Nem eu...!

Havia tanto o que dizer que nem quisemos fazê-lo por telefone. Ao menos a princípio, preferimos trocar endereços e nos escrever. Nestes últimos anos temos feito isso regularmente. Curiosamente, ainda não nos vimos pessoalmente. Ela me mandou uma foto e eu a ela um dos meus livros, onde há a minha foto na "orelha". Contudo, e isto é muito estranho e muito belo, quando conversamos, ainda penso nela como ela era naquela época, e ela, de mim, já disse o mesmo tanto. De qualquer modo, apesar das lembranças, tudo agora é apenas amizade, mesmo porque ela é casada; e eu, além de já ter, e isso depois de haver retomada o contato com ela, passado pela coisa da Mariana, estou, enquanto escrevo estas linhas, envolvido com outra pessoa... Trata-se, na verdade, de uma coisa muito louca que acontece entre nós, e que eu achei, sobretudo por ter falado da importância que Renata teve nessa minha história, que deveria também ser aqui relatada.

Percebi que já não pensava que nunca mais alguém poderia gostar de mim como ela gostou, e, mais ainda, agora já sentia que ela própria podia ainda gostar muito de mim, apesar de eu já não ser aquele menino tão cabeludo de 24 anos antes...

Ainda naquela primeira conversa ao telefone, houve um momento em que nos perguntamos um ao outro... "E aí? Como você é (ou está) fisicamente?"

– Você se lembra do meu pai? – eu lhe disse – Lembra-se que ele era calvo? Pois é... Eu puxei por ele nesse aspecto!

Sim, eu disse de pronto. E disse sem nenhum receio. Ela fora, ainda que ausente, um ponto de referência dos mais importantes para mim durante todo esse processo por que passei. E agora eu havia transposto o bloqueio. Ela já não é apenas um personagem do passado, para quem, onde quer que pudesse estar, eu haveria de ser, em sua memória, o menino bonito e cabeludo, que chegava a parecer um índio. Não, agora ela sabe quem eu sou e como eu sou, e, ainda que, como parece provável, nada volte a acontecer entre nós, eu sinto e sei que ela, como qualquer outra pessoa, pode, sim, gostar de mim como eu sou.

Sim, muitas pessoas podem gostar de mim como gostava a Renata de 1972. Eu, principalmente, já me gosto demais!

Uma pequena história

No final de meu livro *Conversando sobre a Síndrome do Pânico* utilizei, a título de ilustração, uma pequena história que havia lido em um livro. Como o resultado pareceu bom, ou seja, as pessoas gostaram da história, repetirei aqui a dose através de uma outra história, que também li num livro, e que muito tem a ver com tudo o quanto aqui foi dito...

"Certa vez um homem conheceu um velho místico, bastante sábio, que lhe presenteou com uma medalha prateada. Disse-lhe o velho...

– Sempre que você tiver que atravessar momentos difíceis em sua vida, e você terá, olhe para esta medalha e lembre-se de que esses momentos passarão...

E disse mais o velho...

– Como você pode ver, esta medalha tem um fecho que pode abri-la. Mas não a abra! Apenas olhe para ela e se lembre de minhas palavras, que você haverá de superar todas as adversidades! Entretanto, se algum dia você sentir que não vai conseguir, aí sim abra a medalha! O que está escrito aí dentro decerto o fará superar até aquilo que parecer impossível de ser superado!

Dito e feito, o homem memorizou as palavras do velho e guardou com carinho a preciosa medalha.

Alguns anos se passaram e, num belo dia, o homem caiu gravemente enfermo. Foi hospitalizado e passou semanas entre a vida e a morte. Em sua cama de hospital, ele contemplava a medalha e lembrava-se do que tinha dito o velho. Não chegou a abri-la. Milagrosamente, numa manhã, o homem acordou curado.

Mais alguns anos se passaram e o homem, que era um empresário bastante próspero, viu seus negócios entrarem em crise. Ao cabo de semanas, a falência parecia inevitável, e a miséria a ele se insinuava como um destino certo. De novo, o homem ficou a contemplar a medalha. Novamente não chegou a abri-la. Passado um mês, quando tudo parecia estar irremediavelmente perdido, fatos inesperados fizeram com que tudo se invertesse. A empresa do homem se reergueu rapidamente e ele ganhou muito mais dinheiro do que jamais até então havia ganho.

Mais algum tempo havia se passado quando o homem foi repentinamente abandonado por sua mulher, a quem amava muito. Em virtude disto, mergulhou numa profunda depressão. A vida sem ela parecia não mais fazer sentido. Mesmo assim, o homem ainda se lembrou de contemplar a medalha e, mesmo sem chegar a abri-la, conheceu, algum tempo depois, uma outra mulher, muito bela, por quem se apaixonou perdidamente. Casaram-se e foram muito felizes.

Mais adiante, o homem foi atingido por um novo golpe, extremamente duro. Seu filho, a quem igualmente amava demais, sofreu um grave acidente e veio a falecer. Desolado, o homem mergulhou em uma depressão ainda mais profunda. Nada parecia ser capaz de fazê-lo voltar a sorrir. Ele até se lembrou de contemplar a medalha, mas o tempo passava sem que qualquer melhora se observasse.

Como aquele estado de coisas se prolongasse por um bom tempo sem que a depressão desse qualquer sinal de que pudesse diminuir, o homem decidiu que era hora de abrir a medalha. Sim, o que estivesse escrito dentro, nas palavras do velho sábio, haveria de ser a resposta...

O homem abriu então a medalha e leu... *Isso também passará!*"

Tchau!

Sim, eu gostaria de ser um escritor consagrado como Machado de Assis ou João Cabral de Melo Neto, mas, mesmo não sendo, não troco os meus escritos pelos de ninguém!

Sim, eu gostaria de ser um compositor genial como Caetano Veloso ou Chico Buarque, mas, mesmo que não seja, não troco as minhas composições por quaisquer outras!

Sim, eu adoraria ter uma voz abençoada como a de Milton Nascimento ou a de Ana Carolina, mas, mesmo não tendo, não trocaria a minha por nenhuma outra!

Sim, eu adoraria ter um corpo perfeito, como costumamos ver em muitos atletas e modelos por aí, mas, mesmo sem o ter, prefiro ser como sou!

É, eu adoraria ter muito cabelo! Muito, muito, muito, muito muito cabelo! Contudo, mesmo sendo calvo, não gostaria de ser ninguém além de mim!

Este sou eu, o Gugu, o Luiz Augusto, o Zueira de Moji, o do Colégio São Marcos, o que compôs *Tem Piranha no Bidê* em 81 e *Auto-retrato* em 98, o que nasceu em Santos em 65 e perdeu o pai em 74, o primeiro namorado da Renata, o que achava que a calvície nunca lhe iria acontecer e começou a perder cabelo aos 15 anos, o que adorava os Beatles e outras bandas de rock, o dos cabelos compridos e oxigenados, o do brinco, o baixista do Perto de Paris, o vocalista do Estado Maior, o que usa boné quando canta, o escritor, o que trabalhou numa novela, aquele que largou a faculdade de direito para depois voltar e a concluir, o que teve síndrome do pânico e escreveu dois livros a respeito, o fã dos Engenheiros do Hawaii, o que se apaixonou pela Mariana, o que não gostava de se olhar no espelho, o que tentou passar babosa na cabeça, o que experimentou acupuntura, pensamento positivo e dietas malucas, o que agora decidiu escrever sobre a calvície. Sim, este sou eu, o calvo, o careca, o "pouca-telha", e, cara, preciso dizer, como eu me amo!

É muito bom a gente se amar! Ame-se! É o que sinceramente desejo a todos, calvos ou não-calvos, que me deram o enorme prazer de sua companhia...!

Esta obra foi composta por Eveline Teixeira,
em Berkeley, impressa em papel offset 75g/m²
pela Paulus Gráfica para a
Sá Editora em julho de 2002.